Gestão de Projetos
Socioambientais na Prática

Jamile de Almeida Marques da Silva
Hebert Arruda Broedel
Patrick Valverde Medeiros
Felipe Martins Cordeiro de Mello
(organizadores)

Gestão de Projetos Socioambientais na Prática

Conceitos, Ferramentas e Casos de Sucesso

Rio de Janeiro
2022

Copyright© 2022 por Brasport Livros e Multimídia Ltda.

Todos os direitos reservados. Nenhuma parte deste livro poderá ser reproduzida, sob qualquer meio, especialmente em fotocópia (xerox), sem a permissão, por escrito, da Editora.

Editor: Sergio Martins de Oliveira
Gerente de Produção Editorial: Marina dos Anjos Martins de Oliveira
Revisores: Carolina de Brito Maciel, Priscila da Cruz Cosmo e Gabriella Francisco Pereira Borges de Oliveira
Ilustrações: Alex Melo da Silva
Editoração Eletrônica: Abreu's System
Capa: Use Design

Técnica e muita atenção foram empregadas na produção deste livro. Porém, erros de digitação e/ou impressão podem ocorrer. Qualquer dúvida, inclusive de conceito, solicitamos enviar mensagem para editorial@brasport.com.br, para que nossa equipe, juntamente com o autor, possa esclarecer. A Brasport e o(s) autor(es) não assumem qualquer responsabilidade por eventuais danos ou perdas a pessoas ou bens, originados do uso deste livro.

DADOS INTERNACIONAIS DE CATALOGAÇÃO NA PUBLICAÇÃO (CIP)

G393   Gestão de projetos socioambientais na prática : conceitos, ferramentas e casos de sucesso / Jamile de Almeida Marques da Silva ... [et al.] organizadores. – Rio de Janeiro: Brasport, 2022.
216 p. : il. ; 17 x 24 cm.

Inclui bibliografia.
ISBN 978-65-88431-50-4

1. Meio ambiente. 2. Gestão socioambiental. 3. Gestão de projetos. I. Silva, Jamile de Almeida Marques da. II. Broedel, Hebert Arruda. III. Medeiros, Patrick Valverde. IV. Mello, Felipe Martins Cordeiro de. V. Título.

CDU 658:504

Catalogação na fonte: Bruna Heller (CRB10/2348)

Índice para catálogo sistemático:
1. Gestão ambiental / Administração do meio ambiente 658:504

BRASPORT Livros e Multimídia Ltda.
Rua Washington Luís, 9, sobreloja – Centro
20230-900 Rio de Janeiro-RJ
Tels. Fax: (21)2568.1415/3497.2162
e-mails: marketing@brasport.com.br
vendas@brasport.com.br
editorial@brasport.com.br
www.brasport.com.br

Dedicatória

Dedico esta obra aos meus amigos, familiares e professores que sempre me incentivaram a ser a melhor versão de mim. Em especial, dedico aos meus pais, Luiz Alberto e Maria de Fátima, e irmãos, Luiz Alberto Junior e Camila, aos quais amo imensamente. Dedico às minhas queridas tia e madrinha, Maria Aurora e Vera Lucia, que sempre me apoiaram e deram enorme carinho. Ao apoio e companheirismo de Lilian, dedico esta obra e agradeço por sempre estar ao meu lado. Dedico às crianças que enchem nossas vidas de alegria e esperança: Julia, Maria Eduarda, Isabela, Matheus, Gabriel e Lis. Aos colegas que organizaram, escreveram e revisaram esta obra comigo, obrigada pela confiança e parceria. Agradeço à ECOES Planejamento, Estratégia e Meio Ambiente por apoiar esta publicação tão relevante para os profissionais da área socioambiental. Agradeço ao meu professor, André Barcaui, pela gentileza e carinho em prefaciar nosso livro. Por fim, dedico esta obra aos meus alunos, fonte inspiradora deste livro, com quem aprendo sempre. Por fim, dedico esta obra à minha prima, Fátima Valéria Marques Araújo. Estará sempre em nossos corações, sendo lembrada com muita alegria e carinho.

Jamile de Almeida Marques da Silva

Dedico este livro a minha família e amigos pelo apoio eterno, orientações e exemplos, em especial aos meus pais, Teresinha Rodrigues de Arruda e Julio Broedel, motivos da minha existência e caráter. Aos meus amigos e sócios da ECOES cuja parceria e apoio vão muito além do escritório e à Jamile pela oportunidade e por acreditar em nosso trabalho. E por fim e não menos importante ao Mestre Criador, pelas bênçãos e oportunidades de aprendizagem de todos os dias.

Hebert Arruda Broedel

Esta obra dedico a meus amigos e familiares, em especial minhas amadas esposa Andréa e filha Carolina, por quem sigo fazendo meu melhor, meus pais, Gilmar e Nádia, que me ensinaram o caminho que devo andar, meus sogros, José Carlos e Adermalina, pelo apoio sempre presente, meu irmão, Ronan, por tantas conversas e amizade. Aos colegas/amigos de coordenação deste livro: Felipe, Hebert e Jamile, por acreditarem juntos no que alcançaríamos. Por fim, mas o mais importante, a Deus, pelo projeto que é a vida.

Patrick Valverde Medeiros

Dedico este livro aos amores da minha vida, meus filhos Marina e Theo, a quem devo grande parte de minha alegria de viver e por quem faço meu melhor a cada dia. À minha amiga e companheira Aline com quem divido meus momentos de dor e amor e o caminhar dos dias. À minha sogra Paulina, por me mostrar com seus exemplos que viver é melhor que sonhar. E à minha mãe, Maria José, por ter sido por todos esses anos meu espelho profissional e minha inspiração de luta e batalha diária.

Felipe Martins Cordeiro de Mello

Prefácio

Não por acaso, a área socioambiental tem apresentado um crescimento exponencial nos últimos anos. Hoje reconhecemos que os recursos naturais não são fartos, abundantes e infinitos como pensávamos. Assim sendo, e como não poderia deixar de ser, tivemos um aumento da conscientização relativa às ameaças para humanidade em função da degradação e do desequilíbrio ambiental. Mais do que isso, as próprias organizações passaram a prestar mais atenção na corresponsabilidade que possuem, o que conduziu a um verdadeiro movimento de políticas socialmente corretas e à preocupação com a sustentabilidade ambiental como um todo. Fato esse que, inclusive, tem contribuído inegavelmente para o incremento do seu valor de mercado.

Se iniciativas para conservação, manutenção e prevenção socioambiental tiveram um belíssimo desenvolvimento nas últimas décadas, em grande parte, suas raízes residem na gestão profissional de projetos. A identificação detalhada do que fazer e o compromisso com prazos, qualidade e custos foram gradativamente somados à preocupação com as partes envolvidas, a estratégia de comunicação demandada, os recursos e aquisições necessários, além de toda a parte relativa à indispensável gestão de riscos.

É exatamente por isso que esta obra que o leitor tem em mãos é tão relevante.

Não bastasse este fenômeno de crescimento e profissionalização da gestão de projetos socioambientais, os blocos e capítulos do livro foram escritos com muito carinho e extremo zelo pelos autores. Entre eles, a querida Jamile, a qual tenho muito orgulho de ter tido como minha aluna.

A leitura é aprazível, de fácil compreensão e extremamente didática. Percebe-se a preocupação evolutiva da escrita começando com uma introdução que acomoda o leitor em termos de gerenciamento de projetos em diversas vertentes. A missiva continua com a exposição de ferramentas e entra em um tópico intenso falando de

OKRs e estratégia. Não se exime de falar de uma série de exemplos que ilustram de maneira clara e objetiva o conteúdo teórico do livro.

Foi excepcional a iniciativa de trazer um *mix* de métodos, *frameworks* e ferramentas, porque se o mundo está cada vez mais complexo e se vivemos hoje a realidade de uma "metamorfose ambulante", nada melhor do que um leque diversificado de opções que vai desde ciclos de vida preditivos até ciclos adaptativos e agilidade. Se reconhecemos que é importante inovar, temos que reconhecer ser importante experimentar também. Nesse sentido, o leitor vai ter a chance de conhecer uma gama deveras interessante de artefatos, papéis e eventos associados aos projetos demonstrados.

Em que pese serem inúmeros os esquemas, figuras e exercícios apresentados, o que mais impressiona é a verve e a experiência dos autores no assunto. Não se trata de mais uma publicação a respeito do tema, mas, sim, de um verdadeiro guia para aqueles que queiram enveredar pelo caminho da gestão de projetos socioambientais. Caminho este que às vezes é mais uma trilha do que propriamente um trilho, mas que Jamile, Herbert, Patrick e Felipe ajudam a desvendar e esclarecer.

Desfrute cada linha e perceba o esforço dos autores em ajudar tanto aqueles que estão começando na área quanto também os mais experientes. A leitura pode ser feita sequencialmente, mas nada impede o leitor de ir diretamente a um capítulo que desperte maior interesse. Se é patente que havia um *gap* na literatura a respeito de projetos socioambientais, torna-se irrefutável também que foi devidamente preenchido com louvor e maestria por esta obra.

André Barcaui
Professor Acadêmico e Consultor
andre@barcaui.com.br

Organizadores

Jamile de Almeida Marques da Silva

Jamile Marques é a idealizadora desta obra. Possui graduação em Ciência Biológicas pela Universidade Federal do Rio de Janeiro, é Mestre em Ecologia pelo Programa de Pós-Graduação em Ecologia (PPGE) da Universidade Federal do Rio de Janeiro (UFRJ), é Especialista em Gerenciamento de Projetos pela Fundação Getulio Vargas (FGV), é *Project Management Professional* (PMP) pelo *Project Management Institute* (PMI), é *Certified Scrum Master* pela *Scrum Alliance* e *Personal & Professional Coach* pela Sociedade Brasileira de Coaching (SBCoaching). Jamile possui mais de 12 anos de experiência atuando em projetos socioambientais com foco no atendimento das condicionantes do licenciamento ambiental do setor portuário e de óleo e gás. Possui atuação como gerente de projetos na iniciativa privada, no poder público e no terceiro setor. Desde 2017 é docente do Programa de Pós-Graduação em Ecologia (PPGE) da Universidade Federal do Rio de Janeiro (UFRJ) ministrando a disciplina Conceitos e Ferramentas para o Gerenciamento de Projetos, fonte inspiradora desta obra.

Hebert Arruda Broedel

Hebert Broedel é formado em Oceanologia (Universidade Federal do Rio Grande –FURG), com pós-graduação (MBA) em Gerenciamento de Projetos (FGV). Com mais de 15 anos de atuação na área ambiental, atuou de 2005 a 2012 como Analista Ambiental e Coordenador de Avaliação de Impactos Socioambientais no Instituto Estadual de Meio Ambiente do Espírito Santo (IEMA-ES), responsável pelo licenciamento ambiental de grandes projetos envolvendo os setores de siderurgia/pelotização, portos e dragagens, papel e celulose, petróleo e gás (incluindo termoelétricas)

e energia (UHEs, PCHs, linhas de transmissão e parque eólico). Desde então atua na assessoria e consultoria socioambiental nas áreas de ESG, SGA, auditorias, licenciamento, monitoramento e avaliação de impactos socioambientais. Acredita que a eficiência na gestão ambiental está vinculada à aplicação de boas práticas de gestão de acordo com as características intrínsecas de cada projeto.

Patrick Valverde Medeiros

Patrick Medeiros é formado em Engenharia Ambiental (Universidade Federal de Viçosa – UFV), Mestre em Engenharia Hidráulica e Saneamento (Escola de Engenharia de São Carlos – EESC/USP) e possui mais de 15 anos de atuação na área ambiental, em parte como Analista de Meio Ambiente e Recursos Hídricos no Instituto Estadual de Meio Ambiente (IEMA) e outra parte em consultoria e assessoria técnica. É especialista em gerenciamento de projetos, com mais de 10 anos de atuação em gestão de projetos de licenciamento, monitoramento e estudos ambientais, e em planejamento, avaliação técnica, controle de escopo, prazos, custos e coordenação de equipes multidisciplinares. Acredita que as boas práticas da gestão de projetos fornecem um valioso meio de se garantir a eficiência na gestão ambiental.

Felipe Martins Cordeiro de Mello

Felipe Mello é graduado em Ciências Biológicas (UGF), especialista em Gestão de Projetos (USP) e Mestre em Ciências pelo Programa de Pós-Graduação em Práticas de Desenvolvimento Sustentável (UFRRJ), programa que integra uma rede internacional de mestrados em sustentabilidade coordenada pelo *Earth Institute* da Universidade de Columbia (NY/EUA). Com 20 anos de atuação na área socioambiental, sendo parte no serviço público (Ministério do Meio Ambiente) e parte como gerente de projetos, onde atua há 12 anos na coordenação de estudos multidisciplinares sendo responsável pelo planejamento técnico e pela execução por meio do domínio de variáveis (qualidade, custo, prazo e escopo), minimizando riscos, verificando desvios e corrigindo rumos. Desde 2019 vem atuando como *Project Management Officer* (PMO), onde é responsável pela estruturação, implementação e coordenação do Escritório de Gerenciamento de Projetos Socioambientais, função que apoia os gerentes de projetos na gestão de cronograma, custos, escopo e riscos, elaborando ainda métricas de controle e desempenho. Atualmente se dedica à implantação de princípios de ESG em grandes companhias.

Apresentação

Ao longo dos mais de quatorze anos trabalhando como gestora de projetos socioambientais, pude constatar que esse campo de atuação é extremamente projetizado, sendo a maioria das intervenções realizadas por força das condicionantes do licenciamento ambiental exigidas pelos órgãos de controle ambiental, por iniciativas de responsabilidade social de organizações privadas ou por projetos desenvolvidos pelo terceiro setor. Apesar desse fato, existem poucas obras que abordam o gerenciamento de projetos a serviço da área ambiental. Este livro foi escrito visando auxiliar no suprimento dessa lacuna, de forma a instruir profissionais em início de carreira e aperfeiçoar o *toolkit* dos profissionais seniores.

Apesar de ser notória a relação entre o gerenciamento de projetos e as intervenções para a conservação dos recursos naturais, invariavelmente a grade curricular dos cursos de graduação relacionados ao tema não ensina sobre os conceitos e ferramentas para o gerenciamento de projetos. Diante de tal constatação e percebendo a necessidade de me aperfeiçoar no tema, ingressei em um MBA em Gerenciamento de Projetos. Dois anos após minha formação, passei a ministrar a disciplina Conceitos e Ferramentas para o Gerenciamento de Projetos na Pós-Graduação em Ecologia (PPGE) da Universidade Federal do Rio de Janeiro (UFRJ), o mesmo programa em que me tornei Mestre em Ecologia.

Desde 2017, quando iniciei a disciplina no PPGE, frequentei as maiores livrarias do Rio de Janeiro buscando alguma obra que retratasse o gerenciamento de projetos a serviço da conservação dos recursos naturais, porém nunca a encontrei. Concluí, então, que eu mesma deveria escrevê-la, e assim nasceu o presente livro.

Nesta obra você encontrará justamente o que procurei nas livrarias ao longo desses anos. Ou seja, como nós, profissionais que atuam em projetos socioambientais, utilizamos conceitos e ferramentas do gerenciamento profissional de projetos para aumentar as chances de sucesso dos projetos que coordenamos. Além de explanar conceitos e ferramentas, esta obra está repleta de exemplos reais da aplicação desses conteúdos e das entrelinhas dos desafios superados pelos gestores. Afinal, trata-se de um livro de pessoas para pessoas, e não de uma abordagem puramente teórica sem empatia.

Em oito capítulos, o conduziremos por uma jornada de aprendizagem estruturada em três blocos: Bloco 1 – Introdução ao gerenciamento de projetos e seus modelos, Bloco 2 – Planejamento estratégico na prática e Bloco 3 – Execução, monitoramento e controle e avaliação de projetos socioambientais: casos práticos. A presente obra não pretende esgotar todos os conceitos e ferramentas vinculados ao gerenciamento profissional de projetos e sim lhe apresentar algumas possibilidades e abordagens de gestão. A certeza de que esta obra é de fato útil e necessária me foi confirmada através da fala do Professor José Quintas durante um evento de Educação Ambiental realizado no Rio de Janeiro. Quintas afirmou que os sujeitos da ação educativa, dentre outros saberes, devem ser estimulados a desenvolver competências gerenciais para organizar e exercitar o controle social.

No Capítulo 1, apresentaremos o gerenciamento de projetos e seus respectivos modelos. No Capítulo 2, abordaremos os conceitos e ferramentas para o gerenciamento de projetos. No Capítulo 3, discutiremos *Objective and Key Results* (OKRs) e explicaremos seu uso para realizar o planejamento estratégico ágil de uma consultoria socioambiental. No Capítulo 4, abordaremos o gerenciamento profissional de projetos na execução do Programa Básico Ambiental (PBA) de um empreendimento portuário de grande porte. Nos capítulos 5 e 6, trataremos da experiência do Núcleo de Educação Ambiental da Bacia de Campos (NEA-BC) na definição do marco lógico e indicadores para o monitoramento e a avaliação do projeto executado como condicionante do licenciamento ambiental federal conduzido pelo IBAMA. No Capítulo 7, discutiremos como os conteúdos ministrados por mim no PPGE contribuíram para o sucesso do Projeto Bom Uso da Água, implementado por um órgão governamental na Região Serrana do Rio de Janeiro. No Capítulo 8, trataremos sobre a transformação ágil que se encontra em curso no Núcleo de Gestão Integrada de Carajás (NGI Carajás), pertencente ao Instituto Chico Mendes de Conservação da Biodiversidade (ICMBio), impulsionada pelo processo de *agile coaching*.

Ao longo desta obra escrita colaborativamente por 34 especialistas, serão apresentados exercícios para estimular sua ação em direção ao gerenciamento profissional de projetos socioambientais. A perspectiva do gerenciamento profissional a serviço dos projetos socioambientais é um tema amplo, não tendo a presente obra a intenção de esgotá-lo, e sim de apresentar um viés complementar à sua trajetória profissional a partir dos exemplos construídos pelos alunos da disciplina Conceitos e Ferramentas para o Gerenciamento de Projetos, bem como pela expertise e experiência dos especialistas colaboradores.

Jamile de Almeida Marques da Silva

Sumário

BLOCO 1.
INTRODUÇÃO AO GERENCIAMENTO DE PROJETOS E SEUS MODELOS

1. Introdução ao gerenciamento de projetos 3
   O conceito de projetos e de gerenciamento de projetos........................... 3
   Management 1.0, 2.0 e 3.0: a evolução dos modelos de gestão................ 6
   Algumas organizações de referência no gerenciamento de projetos:
      caminhos para aprofundar o conhecimento.. 10
   Mercado de trabalho e certificações em gerenciamento de projetos 11
   Referências bibliográficas... 17

2. Conceitos e ferramentas para o gerenciamento de projetos
   socioambientais: desafios, aprendizagens e novas perspectivas 19
   Processos em gerenciamento de projetos 19
       Iniciação 32
       Planejamento... 33
       Execução 33
       Monitoramento e controle... 34
       Encerramento 34
   A importância das áreas de conhecimento para o sucesso do projeto:
      teoria e prática para além do *PMBOK® Guide* 35
       Gerenciamento do escopo 35
       Gerenciamento do cronograma... 39
       Gerenciamento das partes interessadas 42
       Gerenciamento dos riscos 44
       Gerenciamento da qualidade... 46
       Gerenciamento dos custos 48
       Gerenciamento das aquisições 49
       Gerenciamento das comunicações.. 50
       Gerenciamento dos recursos 52
       Gerenciamento da integração 53
      Novas perspectivas para o gerenciamento de projetos:
       inovações do *PMBOK® Guide* 7ª edição 53
   Referências bibliográficas... 54

BLOCO 2.
PLANEJAMENTO ESTRATÉGICO NA PRÁTICA

3. **Utilizando OKRs para o planejamento estratégico de uma consultoria socioambiental: como sobreviver em um mundo BANI**.................. 57
   - O que são OKRs?.. 57
   - Os quatro principais benefícios para implantação dos OKRs 60
   - Implantando os OKRs em seis passos: comece agora e colha os resultados rapidamente.. 62
   - OKR na prática: planejamento estratégico ágil na empresa X 65
   - Referências bibliográficas... 69

BLOCO 3.
EXECUÇÃO, MONITORAMENTO E CONTROLE E AVALIAÇÃO DE PROJETOS SOCIOAMBIENTAIS: CASOS PRÁTICOS

4. **A utilização dos conceitos e ferramentas do gerenciamento de projetos para a execução de projetos socioambientais** 73
   - Introdução.. 73
   - Etapa de planejamento... 75
     - Identificação dos FAEs do Empreendimento... 75
     - Identificação dos APOs do Empreendimento 76
     - Identificação da demanda socioambiental do Empreendimento 77
     - Estruturação do planejamento.. 77
     - Principais ferramentas aplicadas ao planejamento 81
   - Etapa de execução... 86
     - Base metodológica aplicada ao gerenciamento...................................... 87
     - Ferramentas aplicadas ao monitoramento e controle 94
   - Lições aprendidas e oportunidades de melhoria 100
   - Referências bibliográficas... 101

5. **Gestão de projetos de educação ambiental para a gestão pública**... 102
   - Introdução.. 102
   - O Marco Lógico.. 103
     - Identificação e análise do problema das pessoas envolvidas 104
     - A Matriz do Marco Lógico.. 105
   - Modelo Lógico... 108
   - O sistema de monitoramento e avaliação na gestão de projetos 110
   - Sistema de monitoramento e avaliação na educação ambiental: a experiência do projeto NEA-BC 114
   - Conclusão.. 122
   - Referências bibliográficas... 125

6. **Indicadores para monitoramento e avaliação de projetos de educação ambiental aplicados à gestão pública** 127
   Introdução 127
   Marco conceitual para a construção de indicadores 128
   Indicadores na educação ambiental enquanto política pública 133
   Construção e implementação de indicadores no Projeto Núcleo de Educação
      Ambiental da Região da Bacia de Campos 140
   Conclusão 149
   Referências bibliográficas 151

7. **Projeto O Bom Uso da Água: a aplicação dos conceitos e ferramentas de gerenciamento de projetos para a melhoria da qualidade dos recursos hídricos na comunidade rural do Bonfim em Petrópolis-RJ** 153
   Contextualização 154
   Área de estudo 155
   A gestão compartilhada e seus desdobramentos com as relações
      interinstitucionais 158
   Gestão de projetos e organização 159
   Gerenciamento das comunicações 168
   Diagnóstico socioambiental 169
   Instalação dos sistemas de fossa séptica 170
   Resultados: os desdobramentos e perspectivas 172
   Conclusão 175
   Referências bibliográficas 176

8. **Implantando o gerenciamento ágil de projetos no Instituto Chico Mendes de Conservação da Biodiversidade (ICMBio), Núcleo de Gestão Integrada (Carajás, Pará) através do *agile coaching*** 178
   O processo de *agile coaching*: como estruturar e realizar a transformação
      ágil no setor público 178
      Professional e *agile coaching* 178
      Transformação ágil no NGI Carajás: iniciando uma jornada 180
      Avaliando a transformação ágil no NGI Carajás 181
      Próximos passos rumo à agilidade organizacional 183
   A importância da gestão ágil para a conservação dos recursos naturais
      e da biodiversidade 183
      Conjunto de áreas protegidas de Carajás 183
      Principais conflitos de uso, desafios de gestão e o projeto Cenários 184
      Plano de conservação de longo prazo para o conjunto de áreas
         protegidas de Carajás 185
      Plano de conservação estratégico para o território de Carajás 186
      Agilidade socioambiental 187
   Implementando o gerenciamento ágil no Núcleo de Gestão Integrada
      do ICMBio Carajás 189

Projetos Sala Verde e Comunidade vai à Floresta:
   desafios para implementação do *Scrum* 189
Adaptando as cerimônias 190
Ferramentas empregadas no *Scrum* 193
Matriz SWOT: uma avaliação sobre o processo de implementação
   do *Scrum* 193
Projeto Agroextrativismo 194
Ferramentas utilizadas para implementação do *Scrum* 196
Cerimônias e artefatos a serviço do projeto Agroextrativismo 197
Desafios da implementação do *Scrum* em tempos de pandemia 201
Referências bibliográficas 202

BLOCO 1.
INTRODUÇÃO AO GERENCIAMENTO DE PROJETOS E SEUS MODELOS

1. Introdução ao gerenciamento de projetos

Jamile de Almeida Marques da Silva
Gabriella Francisco Pereira Borges de Oliveira
Carolina de Brito Maciel

O conceito de projetos e de gerenciamento de projetos

A área ambiental é fortemente alinhada com o gerenciamento de projetos, no sentido de que muitas iniciativas se concretizam através de programas e projetos que advêm de obrigações legais impostas pelos órgãos de controle ambiental ou de iniciativas voluntárias de empresas e organizações do terceiro setor. No entanto, é comum que os profissionais que atuam nesse contexto tenham pouca ou até mesmo nenhuma familiaridade com o gerenciamento profissional de projetos. Para suprir tal lacuna, a presente obra se dedica a tratar de conceitos e ferramentas para o gerenciamento de projetos. Diferentemente da maioria da literatura disponível sobre gerenciamento de projetos, este livro debate casos reais vivenciados por profissionais que atuam como gestores de programas e projetos socioambientais.

Apesar de parecer um conceito atual, o gerenciamento de projetos é observado ao longo do desenvolvimento humano. Grandes empreendimentos históricos, como a construção das pirâmides do Egito, da Grande Muralha da China e da Torre Eiffel, o desenvolvimento da bomba atômica e a ida do homem à Lua, são alguns exemplos da aplicação prática do gerenciamento de projetos. Define-se gerenciamento de projetos como a aplicação de conhecimento, habilidades, ferramentas e técnicas às atividades do projeto para atender aos seus requisitos.

Durante a Primeira Revolução Industrial ocorrida no século XVIII, surgiu a figura do indivíduo predecessor, atualmente denominado gerente de projetos. Esses profissionais apresentavam habilidades de leitura, escrita e matemática, o que os colocava em posição de gestão nos processos produtivos. A principal característica da Primeira Revolução foi a mecanização dos processos através da utilização da força a vapor. Na Segunda Revolução Industrial, ocorrida no século XIX, motores movidos a eletricidade e petróleo inovaram os processos de produção, sendo necessário que os profissionais tivessem ainda mais domínio técnico e controle. Nesse período, surgiram as indústrias

Antes de continuar a leitura desta obra, reflita e registre em poucas palavras o que entende como o conceito de projeto e de gerenciamento de projetos. Ao final da leitura do livro, volte ao seu registro e veja o quanto seu entendimento foi aperfeiçoado.

Reflexões iniciais sobre os conceitos

Projeto	Gerenciamento de projetos

siderúrgicas e químicas, bem como o capitalismo financeiro, que integrava o setor industrial ao lucro dos grandes bancos. A produção em escala foi viabilizada através das linhas de produção, e especialistas buscaram formas de produção que visassem o lucro, aumentando a produção e reduzindo preços. Para alcançar esse objetivo, foram desenvolvidos diversos mecanismos, conhecidos como Modelos Produtivos. Os principais modelos da época são Taylorismo, Fordismo e Toyotismo. No século XX, experimentou-se a Terceira Revolução Industrial impulsionada pelo advento da Internet, cujas principais características foram computadores, automação e robótica. Atualmente, vivemos a Quarta Revolução Industrial, também denominada de Industria 4.0. As principais características dessa fase são sistemas cibernéticos, internet das coisas, computação em nuvem, inteligência artificial, *big data*, entre outros. As significativas mudanças promovidas pelas revoluções industriais provocaram alterações no gerenciamento de projetos e, principalmente, no conjunto de responsabilidades, conhecimentos e habilidades exigidas de seus gerentes.

Antes de nos aprofundarmos nas ferramentas de gerenciamento de projetos, cabe a definição de alguns conceitos. O que podemos chamar de projeto? Segundo o *PMBOK® Guide* (PROJECT MANAGEMENT INSTITUTE, 2017), um projeto é um esforço temporário empreendido para criar um produto, serviço ou resultados exclusivos e inéditos. Um projeto desenvolvido para entregar produtos terá como saída bens tangíveis, como veículo, móvel, equipamento eletrônico, entre outros. Por outro lado, projetos executados para entregar serviços e resultados terão saídas não tangíveis, como atendimento de telemarketing e aumento da performance de uma planta industrial, respectivamente.

Mas para que os projetos são desenvolvidos? As corporações possuem estratégias organizacionais que visam agregar valor ao negócio. Muitas dessas estratégias estão ligadas à missão, à visão e aos valores das corporações. Sendo assim, a organização cria um portfólio para o alcance dos objetivos e avanços estratégicos. Entende-se por portfólio a reunião de diversos programas e projetos que ao serem executados contribuirão para o alcance dos objetivos estratégicos da organização. Por sua vez, programas são compostos pela reunião de diversos projetos que ao serem executados contribuirão para o alcance do mesmo objetivo, ou seja, o objetivo do programa. Entende-se, portanto, que projetos são a célula básica de gestão da organização na qual ocorre, de fato, a ação para que o objetivo estratégico do empreendimento seja alcançado.

De forma geral, as organizações não possuem apenas um objetivo estratégico, e, em virtude disso, são criados diversos programas com objetivos específicos, nos quais os projetos estão inseridos. A ilustração a seguir apresenta a relação descrita entre portfólio, programa e projeto e sinaliza a complexidade de gerenciamento desse ecossistema devido ao compartilhamento de recursos e à existência de partes interessadas (Figura 1.1). O gerenciamento de recursos e das partes interessadas será abordado mais adiante neste capítulo.

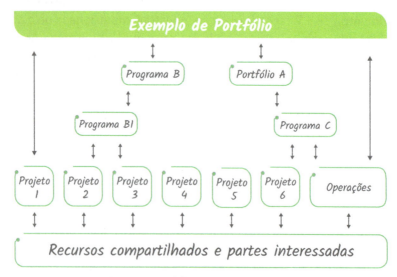

Figura 1.1. Portfólio, programas e projetos.
Fonte: adaptado de Project Management Institute, 2017.

Management 1.0, 2.0 e 3.0: a evolução dos modelos de gestão

Para iniciar a discussão sobre *Management* 1.0, 2.0 e 3.0, é preciso entender as principais características dos Modelos Produtivos Industriais desenvolvidos durante a Segunda Revolução Industrial:

- ➤ **Taylorismo:** este modelo caracteriza-se pela divisão do trabalho e especialização do operário em uma só tarefa. Ou seja, de acordo com Frederick Winslow Taylor, não existe mais a necessidade de que o trabalhador conheça todo o processo de produção. Ele deve focar apenas em uma parte do processo produtivo e se aperfeiçoar constantemente nela. Cabe apenas ao gerente coordenar a operação de todas as partes.
- ➤ **Fordismo:** esse modelo representa uma junção do sistema Taylorista com a facilidade das máquinas. Ford desenvolveu uma esteira rolante onde as peças dos automóveis passavam em frente ao trabalhador. O operário possuía pouco tempo para executar sua tarefa.

> **Toyotismo:** este modelo foi desenvolvido por Taishii Ohno. De acordo com Ohno, o operário deve conhecer amplamente o processo produtivo e as novas tecnologias, exigindo, por consequência, uma mão de obra mais qualificada.

Os processos produtivos industriais provocam influência sobre o perfil do gestor e de seus subordinados. Os modelos produtivos propostos por Taylor e Ford estimulam uma estrutura organizacional extremamente hierarquizada e baseada no comando e controle. Nesse contexto, o gestor possui total dominância sobre seus subordinados, os quais não são considerados seres pensantes e, portanto, devem apenas seguir ordens. Pela fragmentação produtiva, tais modelos desencorajam o pensamento sistêmico e holístico dos subordinados, esperando-se que apenas o gestor se preocupe com o todo. Pela certeza de que basta planejar e executar bem que tudo dará certo, esses modelos produtivos geram um comportamento gerencial linear, sem considerar diversas variáveis que podem influenciar no alcance dos objetivos do projeto. Dessa forma, esses modelos estimulam a sensação gerencial de que é possível prever tudo que ocorrerá no futuro.

Os comportamentos gerenciais citados anteriormente são característicos do *Management* 1.0 e 2.0, sendo o 2.0 considerado uma tentativa de aprimoramento do 1.0 por meio da aplicação de ferramentas e metodologias como Qualidade Total, *Six Sigma*, *Balanced Scorecard* (BSC), Teoria das Restrições, entre outras. Em essência, a abordagem gerencial do *Management* 2.0 não diferiu do *Management* 1.0, no sentido de que ainda manteve o foco em hierarquia através de um olhar linear fortemente embasado em comando e controle, não considerando as pessoas. Existem muitas empresas que continuam adotando o *Management* 1.0 ou 2.0 como modelos de gestão. Porém, considerando o mundo BANI, esses empreendimentos correm sério risco de extinção, assim como os profissionais com as características inerentes aos modelos. Afinal, em pleno século XXI, quais as chances de se obter sucesso profissional ao se continuar trabalhando de forma similar a Charles Chaplin no famoso filme "Tempos Modernos"?

Com o advento dos computadores, fato que marcou a Terceira Revolução Industrial, foram introduzidos mais elementos e ferramentas que possibilitaram o aperfeiçoamento no gerenciamento de projetos, como softwares e metodologias. A Quarta Revolução Industrial apresentou maior complexidade e velocidade e impôs ao gerente de projetos a urgência de desenvolver diversas novas competências e habilidades para permanecer no mercado. Em um mundo BANI, modelos de gestão hierárquicos baseados em comando e controle tornam-se cada vez mais inadequados. Diante das inúmeras incertezas decorrentes do rápido desenvolvimento tecnológico e de todos os seus desdobramentos, torna-se cada vez mais impróprio tentar prever o futuro – e mais, acreditar que apenas uma pessoa é capaz de interpretar as infinitas variáveis e suas inter-relações. Afinal, o gerenciamento é importante demais para ficar restrito somente ao gerente. Nesse contexto, Jurgen Appelo publicou a obra "Management 3.0: leading agile developers, developing agile leaders" em 2010. Appelo estruturou o *Management* 3.0 em dois pilares e seis visões, conforme ilustra a Figura 1.2.

Figura 1.2. Dois pilares e seis visões do *Management* 3.0.
Fonte: adaptado de Appelo, 2010.

No *Management* 3.0 é dado foco nos resultados e não nas atividades, como ocorre tradicionalmente no *Management* 1.0 e 2.0. Entende-se que as instituições são organismos vivos altamente complexos e, portanto, representam redes sociais igualmente desafiadoras. Diferentemente do *Management* 1.0 e 2.0, admite-se que os fatores não são tão lineares como se afirmava anteriormente e que a complexidade deve ser gerida com foco nas pessoas. Esse modelo de gestão é baseado na Teoria da

Complexidade, pela qual entende-se que uma variável impacta as demais de forma não linear, e sim em rede. A partir dessa interatividade imprevisível, torna-se extremamente improvável que suposições futuras venham a se concretizar exatamente como o planejado. Assim, o *Management* 3.0 visa promover a correta gestão de todos os agentes e variáveis, valorizando as pessoas e os times, sendo essa característica particularmente adequada para gerir ambientes complexos.

Na Gestão 3.0, cria-se um ambiente onde todos se sentem responsáveis pelo sucesso do negócio e as equipes ditam como as tarefas serão executadas. Esse modelo remove a forte verticalização característica da Gestão 1.0 e 2.0, promovendo maior horizontalidade e menor departamentalização das organizações.

O perfil do Funcionário 1.0 e 2.0 é extremamente inadequado para a Gestão 3.0, porque, no *Management* 1.0 e 2.0, as demandas são designadas de cima para baixo e os funcionários são tratados apenas como executores; já o *Management* 3.0 parte da premissa de que os colaboradores são muito inteligentes e criativos e podem dizer como as atividades devem ser executadas. Portanto, o *Management* 3.0 acredita na inovação, na liderança e no gerenciamento através do compartilhamento e da descentralização. Nesse caso, o propósito passa a ser prioridade e não mais cargos e salários, ao passo que também se espera alto nível de proatividade, criatividade e comprometimento do colaborador (Figura 1.3).

É possível observar características do *Management* 3.0 em alguns modelos de gerenciamento de projetos, especialmente no modelo adaptativo também conhecido como gerenciamento ágil de projetos. A gestão ágil de projetos cresce cada vez mais favorecida pelas características da Indústria 4.0, que desafia a gestão a ser cada vez mais adaptativa. Se comparado aos demais modelos, o Toyotismo é o que mais se aproxima dos pilares e visões do *Management* 3.0, tendo sido a filosofia de produção industrial japonesa a inspiração para a agilidade moderna. Nos capítulos 2, 4, 7 e 8 trataremos de casos práticos para ilustrar os modelos de gerenciamento de projetos, são eles: tradicional, ágil e híbrido.

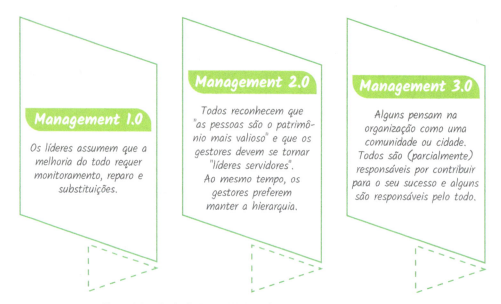

Figura 1.3. Principais características do *Management* 1.0, 2.0 e 3.0.
Fonte: adaptado de Appelo, 2010.

Algumas organizações de referência no gerenciamento de projetos: caminhos para aprofundar o conhecimento

No início da década de 60, o gerenciamento de projetos foi formalizado como ciência e as organizações passaram a vislumbrar o benefício da sua aplicação. Em 1969, na Pensilvânia, surgiu o *Project Management Institute* (PMI), instituto dedicado a debater e difundir as melhores práticas em gerenciamento de projetos. O PMI é responsável pela publicação do *Project Management Body of Knowledge* (PMBOK® *Guide*), guia que reúne as melhores práticas em gerenciamento de projetos, sendo atualizado periodicamente. Embora tenha sido instituído durante a Terceira Revolução Industrial, o PMI está se modernizando para acompanhar os desdobramentos da Quarta Revolução Industrial. A sétima edição do PMBOK foi publicada em agosto de 2021 e reflete esse esforço. Suas principais mudanças serão debatidas no Capítulo 3.

Outra instituição tradicional no gerenciamento de projetos é a *Internacional Project Management Association* (IPMA), fundada em 1965, em Viena, na Áustria. De forma similar ao PMI, o IPMA publica padrões e diretrizes para o gerenciamento de projetos através do *IPMA Competence Baseline*.

Mais recentemente, surgiram organizações cuja gênese está no modelo adaptativo, como a Scrum.org, criada em 2009 por Ken Schwaber, o cofundador do *Scrum* juntamente com Jeff Sutherland. Outra organização recente é a Agile Alliance, constituída em 2001 por alguns integrantes do Manifesto Ágil para o Desenvolvimento de Software escrito em Snowbird, Utah, Estados Unidos, no mesmo ano. Jeff Sutherland, criador do *Scrum@Scale* e também signatário do Manifesto Ágil de 2001, fundou a Scrum Inc., instituição focada em disseminar o *Scrum* e a filosofia ágil.

Mercado de trabalho e certificações em gerenciamento de projetos

O mercado de trabalho em gerenciamento de projetos é bastante amplo. Segundo o *Project Management Institute* (PMI), a área de gerenciamento de projetos tornou-se uma competência estratégica para organizações, permitindo que elas unam os resultados dos projetos com os objetivos do negócio.

A multidisciplinaridade presente na atuação do profissional gerente de projetos é, cada vez mais, demandada e analisada pelas instituições inovadoras. Indústrias e empresas participantes do *14th Annual State of Agile*, relatório anual desenvolvido pela VersionOne, uma das referências no mundo em gestão ágil de projetos, apresenta *insights* sobre a participação do gerente de projetos em indústrias de tecnologia, serviços financeiros, áreas governamentais, bem como áreas de telecomunicações, mídia e entretenimento, saúde e até mesmo no âmbito educacional.

Outra aplicação abordada pelo *14th Annual State of Agile* é a transformação ágil em diferentes áreas empresariais, seus desafios e benefícios. Nessa implementação, o principal desafio encontrado pelas instituições é a cultura organizacional, observando-se a complexidade da mudança de um *mindset* tradicional de gerenciamento de projetos para a filosofia ágil. Dentre as opções de metodologias e *frameworks* para o gerenciamento ágil, o *Scrum* tem sido o modelo mais implantado mundialmente, com pelo menos 75% das empresas entrevistadas afirmando sua prática integral ou de um método híbrido que contenha participação do *framework Scrum* (Figura 1.4).

Métodos e Práticas Ágeis
Métodos Ágeis Utilizados

Scrum e outras variantes relacionadas continuam sendo as metodologias ágeis mais comuns utilizadas pelas organizações respondentes

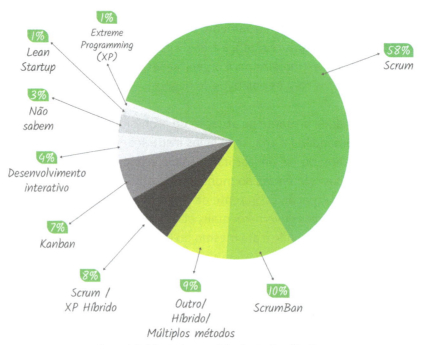

Figura 1.4. Principais metodologias ágeis aplicadas.
Fonte: adaptado de VersionOne, 2020.

Dentre os principais benefícios do *Scrum*, evidenciamos a habilidade de gerenciar as mudanças prioritárias dos projetos, a visibilidade que o *framework* promove para a equipe envolvida na execução do projeto e a frequente entrega de valor ao usuário. A agilidade favorece o gerenciamento frequente dos riscos em função do contínuo *feedback* do usuário mediante entrega incremental do produto, serviço ou resultado implementado pelo projeto.

As múltiplas possibilidades das metodologias ágeis, em especial, do *framework* Scrum, impulsionam o crescimento de sua utilização pelas organizações. No entanto, é perceptível a carência de profissionais no mercado de trabalho que saibam utilizar esse *framework* com propriedade na sua área de atuação. Conforme discutido anteriormente, a área socioambiental é notoriamente projetizada. No entanto, é comum que os gerentes de projetos socioambientais tenham lacunas de conhecimento sobre o gerenciamento de projetos. Muitos profissionais que atuam na área socioambiental gerenciam projetos de forma intuitiva, não observando a oportunidade de aperfeiçoar seus conhecimentos gerenciais e alcançar o próximo nível em sua carreira, o que, consequentemente, levaria a cargos e salários mais expressivos.

Especificamente no Brasil, em pesquisa realizada em 2020, os salários da área ambiental variam entre R$ 6.500,00 e R$ 17.000,00 para o cargo de Coordenador(a) de Projetos Ambientais e entre R$ 14.500,00 e R$ 23.000,00 para o cargo de Gerente de Projetos Ambientais. Conforme os dados de oportunidades divulgadas no LinkedIn, as principais vagas na área de gerenciamento de projetos são:

- Coordenador(a) de Projetos
- Gerente de Projetos
- *Scrum Master*
- *Product Owner*
- *Agile Coach*

De acordo com o *Project Management Institute* (PMI), grande parte do PIB mundial destina-se a projetos. No Brasil, esse valor representa 30% da força de trabalho. Outra comparação interessante realizada pelo PMI relaciona-se à visão ágil empresarial no Brasil e no mundo através da pesquisa anual de gerentes de projetos, programas e portfólios denominada *Pulse of the Profession*, que rastreia as principais tendências e boas práticas em gerenciamento de projetos. Em 2020, o relatório apontou que as organizações brasileiras desperdiçam, em média, US$ 133 milhões para cada US$ 1 bilhão gasto em projetos e programas devido ao seu baixo desempenho, em comparação com a média global de US$ 114 milhões para cada US$ 1 bilhão gasto.

De acordo com o PMI, a porcentagem de organizações com um processo de reconhecimento pelo cumprimento de marcos é maior no exterior (51%) do que no Brasil (45%), assim como a porcentagem de organizações com treinamento contínuo da equipe em ferramentas e técnicas de gerenciamento de projetos. Nacionalmente, a porcentagem de organizações onde o desenvolvimento de habilidades técnicas e empresariais é alta prioridade ultrapassa a porcentagem global, evidenciando a mudança brasileira do *mindset* tradicional para o *mindset* ágil (PROJECT MANAGEMENT INSTITUTE, 2020).

Diante dessas perspectivas, é natural que mais da metade (53%) das organizações pesquisadas pelo PMI tenha indicado alta prioridade na construção de uma cultura receptiva à mudança organizacional. No entanto, para que isso possa ocorrer de forma efetiva, algumas habilidades terão prioridade máxima para as organizações, envolvendo aspectos que o gestor de projetos deverá possuir, como habilidades técnicas e digitais, bem como liderança e poder de negociação. Nesse sentido, investir em oportunidades que permitam o aprendizado e a aplicação das metodologias ágeis em indústrias e nas organizações do conhecimento é uma necessidade. Para auxiliar o gerenciamento profissional de projetos, os gestores devem se apoiar em obras como o *PMBOK® Guide*, *Scrum Guide*, dentre outros. É interessante que dominem ainda softwares utilizados globalmente para o gerenciamento de projetos, como Jira, Trello, MS-Project, Excel, Google Docs, entre outros relacionados no *14th Annual State of Agile* (Figura 1.5).

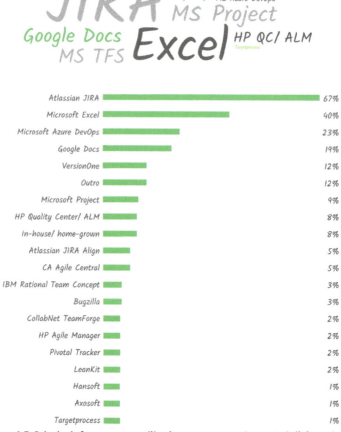

Figura 1.5. Principais ferramentas utilizadas para o gerenciamento ágil de projetos.
Fonte: adaptado de VersionOne, 2020.

Os profissionais da área socioambiental devem ter em mente ainda que as constantes transformações inerentes ao mundo BANI levam ao desenvolvimento de novas metodologias, ferramentas e técnicas, tornando o cenário cada vez mais competitivo e demandando comprometimento e ação para se destacar entre os demais profissionais. Nesse sentido, as certificações em instituições de renome como PMI, ScrumOrg e Agile Alliance são importantes para impulsionar a carreira.

As certificações validam a capacitação em alguma especificidade do gerenciamento de projetos e podem proporcionar novas oportunidades na carreira, principalmente quando a instituição é considerada referência entre as demais e, portanto, representa uma vantagem competitiva no mercado de trabalho.

A seguir, serão relacionadas e debatidas algumas certificações relevantes na área de gerenciamento de projetos:

- ***Project Management Professional* (PMP)**: o PMI oferece a certificação mais reconhecida mundialmente em gerenciamento de projetos, a *Project Management Professional* (PMP). Essa certificação é ideal para os gerentes mais experientes que desejam ratificar seu conhecimento e suas habilidades gerenciais. O PMP possui requisitos relacionados à formação do profissional, ao tempo de experiência enquanto gerente de projetos e às horas de treinamento na área.
- ***Certified Associate in Project Management* (CAPM)**: outra renomada certificação é a *Certified Associate in Project Management* (CAPM), também oferecida pelo PMI. É um ativo que pode influenciar diretamente a (re)colocação do profissional no mercado de trabalho, apresentando credibilidade e eficácia. A CAPM é indicada para iniciantes em gerenciamento de projetos ou técnicos que desejam aprimorar suas habilidades. Esta certificação possui pré-requisitos relacionados à formação e às horas de treinamento em gerenciamento de projetos concluídas até o momento de execução do exame.
- ***Program Management Professional* (PgMP)**: a credencial da certificação do *Program Management Professional* (PgMP), oferecida pelo PMI, foi especificamente desenvolvida para reconhecer a qualificação de profissionais que lideram o gerenciamento coordenado de múltiplos projetos e auxiliam no sucesso de programas. Os pré-requisitos para essa certificação referem-se à formação profissional e à experiência comprovada na área.
- ***Agile Certified Professional* (ACP)**: a *Agile Certified Professional* (ACP) ofertada pelo PMI atende aos profissionais de projetos adaptativos. Como pré-requisito para a certificação, a ACP exige experiência comprovada em agilidade e treinamento na área.

- **Risk Management Professional (RMP):** o *Risk Management Professional* (RMP) do PMI é a certificação que atesta que o profissional possui habilidades específicas para avaliar e identificar os riscos dos projetos, além de mitigar ameaças e aproveitar as oportunidades oriundas dos riscos. A certificação exige habilidades específicas, como a capacidade de avaliar e identificar riscos e reduzir os níveis de ameaças de um projeto, além de habilidades de comunicação. Para se certificar, o profissional deve ser capaz de evidenciar formação na área e tempo de experiência.
- **Certified Scrum Master (CSM):** esta certificação é emitida pela Scrum Alliance com foco em comprovar o conhecimento e as habilidades do *Scrum Master*. Para obter a certificação, o candidato deve participar de um treinamento ministrado por um *Certified Scrum Trainer* (CST).
- **Professional Scrum Master (PSM):** esta certificação emitida pela Scrum Org também avalia o conhecimento e as habilidades do *Scrum Master*. Qualquer profissional que deseja validar seu profundo conhecimento e prática sobre *Scrum* pode realizar o exame, necessitando apenas atender aos pré-requisitos relacionados à formação profissional.
- **Agile Scrum Foundation (ASF):** o *Agile Scrum Foundation* (ASF), da instituição EXIN, é um dos certificados fundamentais do *Scrum* para iniciantes e não possui pré-requisitos, sendo indicado como primeira certificação ágil a ser retirada.
- **Certified Project Manager (CPM):** trata-se de certificação emitida pela *Internacional Project Management Association* (IPMA), ideal para gestores de projetos complexos, possuindo uma série de pré-requisitos relacionados à experiência do profissional na área.
- **Scrum Foundation Professional Certificate (SFC):** esta certificação é emitida pela organização CertiProf. Ao contrário das certificações descritas anteriormente, esta é gratuita[1]. A SFC visa ratificar o domínio sobre os fundamentos do *Scrum*. Profissionais que não são certificados como *Scrum Master*, *Product Owner* ou *Developer Scrum* poderão contar com um certificado que endossa seus conhecimentos básicos nesse *framework* de utilização mundial.

Diante do exposto, é possível perceber que o gerenciamento de projetos oferece muitas opções para os profissionais que desejam se credenciar e buscar oportunidades no mercado de trabalho. No entanto, para a maioria das certificações, a experiência profissional e a área de formação são os principais pré-requisitos estabelecidos pelas instituições. Isso demonstra que a experimentação é a característica fundamental do profissional do futuro, como descrito anteriormente. Portanto, não se deve esperar

---

[1] <https://certiprof.com/pages/scrum-foundations-professional-certificate-sfpc-ptbr>.

condições ideias para aplicar o conhecimento, mesmo que em nível básico. Nesse caso, a prática é tão importante quanto as discussões teóricas e permite vivenciar a experiência profissional exigida, o que contribui não somente para a obtenção das certificações, como também para a maturidade profissional.

Para cargos juniores, como assistente de projetos e analista de projetos, não é comum a exigência de certificações. Nas principais plataformas de busca de empregos, a maioria das empresas exige alguma experiência anterior em gestão e conhecimentos básicos em softwares específicos, sendo o Microsoft Project o mais solicitado. Dessa forma, tais cargos são considerados uma boa oportunidade para quem decide iniciar a carreira profissional na área de gerenciamento de projetos, adquirindo conhecimento e experiência.

Cabe ressaltar que o profissional que deseja vivenciar o gerenciamento de projetos pode aproveitar diversas oportunidades ao seu redor, como sua graduação, especialização, mestrado, doutorado e pós-doutorado, a partir de seus próprios projetos. Ainda que nesse caso o ambiente seja acadêmico, a abordagem projetizada pode acelerar a inserção de profissionais com *mindset* projetizado no mercado de trabalho.

Por fim, outra forma de vivenciar o gerenciamento profissional de projetos é cursando um MBA sobre o tema, o qual é pré-requisito para os cargos sêniores, como analista de projetos sênior, *Product Owner*, *Scrum Master*, coordenador de projetos e gerente de projetos. A especialização apresenta-se como uma forma de nivelar os profissionais quanto às diretrizes e ferramentas de gerenciamento de projetos em suas respectivas áreas de atuação. Especificamente para a área socioambiental, diversos profissionais oriundos da Biologia, Geologia, Gestão Ambiental, Engenharia Ambiental e outras engenharias apostam no MBA em Gerenciamento de Projetos para desenvolver suas carreiras profissionais e aproveitar as demandas do mercado de trabalho, principalmente na área de projetos e programas relacionados às condicionantes do licenciamento ambiental, sendo vários exemplos dessa atuação abordados no Bloco 3 desta obra.

Referências bibliográficas

APPELO, J. **Management 3.0:** leading agile developers, developing agile leaders. Indiana: Addison-Wesley Professional, 2010. 451p.

PROJECT MANAGEMENT INSTITUTE. **A Guide to the Project Management Body of Knowledge:** PMBOK® Guide. 6th. ed. Newtown Square, PA: PMI, 2017.

PROJECT MANAGEMENT INSTITUTE. **Pulse of the Profession Report**®. 2020. 8p.

PROJECT MANAGEMENT INSTITUTE. Site. Disponível em: <https://www.pmi.org/>. Acesso em: 13 out. 2021.

VERSIONONE. **14th Annual State of Agile Report**. May 26, 2020. Disponível em: <https://stateofagile.com/#ufh-i-615706098-14th-annual-state-of-agile-report/7027494>. Acesso em: 13 out. 2021.

2. Conceitos e ferramentas para o gerenciamento de projetos socioambientais: desafios, aprendizagens e novas perspectivas

Jamile de Almeida Marques da Silva
Daisiana Frozi Brisola Teixeira
Priscila da Cruz Cosmo

Processos em gerenciamento de projetos

Todos os projetos são desenvolvidos para potencializar uma oportunidade ou solucionar um problema. Dessa forma, o desenvolvimento de projetos é composto, em linhas gerais, por uma etapa de descoberta, planejamento e execução (Figura 2.1). Cabe ao gestor desenvolver conhecimento e habilidades em todas as etapas para responder, da melhor forma possível, aos desafios vivenciados diariamente durante sua carreira.

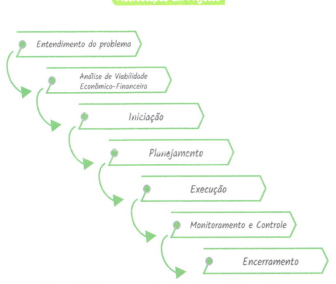

Figura 2.1. Macroetapas do gerenciamento de projetos, do entendimento do problema ao encerramento do projeto.
Fonte: elaborado por Jamile Marques.

De acordo com o estabelecido pelo *PMBOK® Guide* 6ª edição (PROJECT MANAGEMENT INSTITUTE, 2017), os processos executados de forma a realizar o gerenciamento dos projetos possuem intensidade e durações diferentes. A fase de **Iniciação** é composta por dois processos basicamente, os quais consistem na organização inicial de ideias e definições já existentes. A fase de **Planejamento** é constituída por 24 processos, sendo esta etapa crucial para o sucesso do projeto, mas que, muitas vezes, é subestimada. A fase de **Execução** apresenta menos processos se comparada ao Planejamento, porém é o momento mais delicado do projeto, quando qualquer equívoco pode trazer grandes consequências para a organização. A fase de **Monitoramento e Controle**, a qual ocorre paralelamente à execução e é composta por 12 processos, apresenta extrema relevância para direcionar o gerente de projetos na correção dos rumos da execução, quando necessário. E, por fim, o **Encerramento**, que é constituído por um único processo e representa o marco de finalização do projeto ou fase.

Conforme mencionado no Capítulo 1, o PMI foi criado com o intuito de debater, sistematizar e divulgar as boas práticas em gerenciamento de projetos. Nesse contexto, a instituição propôs, além dos cinco processos estruturantes supracitados, dez áreas que sistematizam a gestão em campos de conhecimentos específicos que precisam ser dominados pelo gestor. A interação das áreas de conhecimento com os cinco processos estruturantes gera os 49 processos aplicados ao gerenciamento de projetos, como ilustra a Figura 2.2.

A seguir são destacadas as dez áreas de conhecimento definidas pelo PMI (Figura 2.2) e vinculados os respectivos objetivos de cada uma delas:

1. **Integração:** definir, unificar, agrupar e coordenar os processos e as atividades.
2. **Escopo:** assegurar que o projeto inclua todas as atividades e entregáveis necessários, conforme expectativa do *sponsor*/cliente, para o atingimento das metas.
3. **Cronograma:** estruturar e organizar o desenvolvimento das atividades do projeto ao longo do tempo, de forma a viabilizar um acompanhamento de performance com a definição da linha de base.
4. **Custos:** estimar, determinar e controlar os custos do projeto.
5. **Qualidade:** garantir a conformidade dos processos de gerenciamento de projetos e o cumprimento dos requisitos estabelecidos, bem como assegurar que os produtos sejam entregues na qualidade requerida pelo cliente.
6. **Recursos:** mobilizar e desenvolver todos os recursos necessários para a execução do projeto, incluindo pessoas, equipamentos, material e o que mais for necessário.

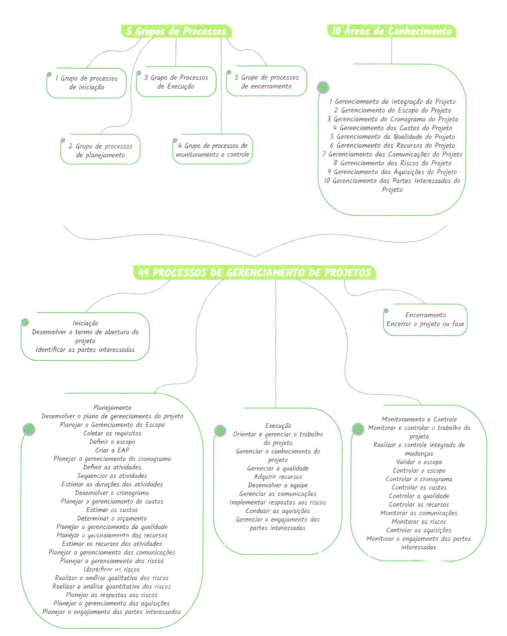

Figura 2.2. Relação entre os cinco processos estruturantes e as dez áreas de conhecimento, que gera os 49 processos de gerenciamento de projetos. Fonte: adaptado de Project Management Institute, 2017.

7. **Comunicação:** organizar, coletar e distribuir todas as comunicações do projeto.
8. **Riscos:** identificar os riscos do projeto e implementar respostas a estes, caso ocorram.
9. **Aquisições:** definir e gerenciar todas as aquisições necessárias ao desenvolvimento do projeto.
10. **Partes interessadas:** identificar e engajar, de acordo com o nível de influência, todas as partes interessadas e envolvidas no projeto.

Apesar de todas as dez áreas de conhecimento influenciarem no resultado do projeto, existem três principais que podem impactar de forma mais significativa sua execução e eficácia, e definem a restrição tripla em projetos. Essas três áreas formam o Triângulo de Fogo, também conhecido como Triângulo de Ferro ou Triângulo do Gerenciamento de Projetos e representa a relação de interdependência entre custo, tempo e escopo, visto que esses consistem nos aspectos mais representativos para promoção de sucesso em um projeto.

Atualmente, aliado aos três itens que estruturam este triângulo, a qualidade foi definida como o quarto fator de relevância na gestão, pois, embora as outras três áreas sejam bem-sucedidas, o cliente não estará satisfeito com o produto caso a qualidade frustre suas expectativas. Qualquer entregável do projeto deve primar pela qualidade. Portanto, é imperativo que o gerente de projetos e sua equipe de fato tenham preocupação especial nessa área de conhecimento e, a partir do desenvolvimento do projeto, possam agregar o valor esperado pelo cliente (Figura 2.3).

Apesar de teoricamente simples, é comum que os usuários do PMC cometam uma série de equívocos conceituais ao iniciar sua utilização. Veja os quadros a seguir e observe nos comentários os erros frequentemente cometidos durante sua elaboração (Figuras 2.4 a 2.11). Os PMCs compartilhados nesta obra foram desenvolvidos pela terceira e quarta turmas da disciplina Conceitos e Ferramentas para o Gerenciamento de Projetos realizadas em 2019 e 2020[2].

---

[2] Agradeço nominalmente aos meus alunos, que de forma gentil e generosa permitiram compartilhar seus PMCs com o objetivo de colaborar com a aprendizagem dos demais colegas da área socioambiental: Thais Helena M. P. de Almeida, Barbara Costa Diniz, Daniela Chaves Afonso, Fernando Castro Cardoso, Gabriel Cupolillo de Azeredo, Vitoria Longuinho Holz, Gabriela de Castro Burattini, Iamê da Silva de Sá, Rodrigo Morais Pessoa e Tatiane de Mello do Carmo.

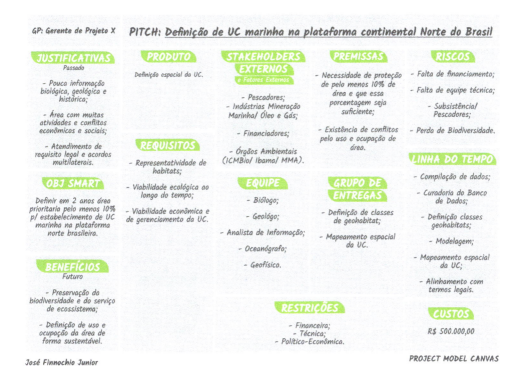

Figura 2.3. *Project Model Canvas* físico desenvolvido pela terceira turma da disciplina Conceitos e Ferramentas para o Gerenciamento de Projetos realizada em 2019.
Fonte: aluno da terceira turma da disciplina Conceitos e Ferramentas para o Gerenciamento de Projetos.

Implementar um empreendimento de hortas orgânicas em comunidades

GP: GP 1

PITCH: Implementar um empreendimento de hortas orgânicas em comunidades

JUSTIFICATIVAS
Passado

- Difícil acesso aos produtos orgânicos
- Necessidade de complementar a baixa renda salarial da população que vive em comunidades
- Má alimentação da população que vive em comunidades

OBJ SMART

Em 1 ano construir uma horta orgânica na comunidade Santa Marta e implementar um modelo de negócios que gere renda para pelo menos 1% da população da comunidade

BENEFÍCIOS
Futuro

- Geração de renda
- Promoção de bem-estar através da alimentação orgânica e da ampliação de áreas verdes em comunidades
- Ampliação da educação ambiental
- Melhora na qualidade de vida dos moradores

PRODUTO

Desenvolvimento de modelo de negócios com base na criação de hortas orgânicas em comunidades do Rio de Janeiro

REQUISITOS

- Negócio de baixo impacto ambiental
- Modelo de negócios gerido e idealizado pelos próprios moradores da comunidade
- Venda de produtos (ou subproduto) 100% orgânicos
- Negócio sustentável economicamente e ambientalmente
- Geração de renda para moradores da comunidade
- Negócio participativo e educacional
- Negócio formal

STAKEHOLDERS EXTERNOS
e Fatores Externos

- Enactus

  A Enactus não pode ser Stakeholder Externo e Equipe do Projeto ao mesmo tempo. Ela tem que ser um ou outro.

- Moradores da comunidade

  Não participantes da equipe do projeto.

- Consumidores
- Financiadores
- Prefeitura

EQUIPE

- Enactus

  A Enactus não pode ser Stakeholder Externo e Equipe do Projeto ao mesmo tempo. Ela tem que ser um ou outro.

- Grupo de moradores da comunidade
- Agrônomo
- Arquiteto
- Advogado

RESTRIÇÕES

- Financeira
- Técnica
- Social

PREMISSAS

- Moradores de comunidades interessados em aumentar sua renda salarial
- Necessidade de aumentar o acesso aos produtos orgânicos dentro de comunidades

  Isso seria uma justificativa para a execução do projeto e não uma premissa.

- Vontade dos moradores de ampliar áreas verdes dentro da comunidade
- Necessidade de trabalhar a educação ambiental dentro de comunidades

  Isso seria uma justificativa. Um premissa nessa linha seria: Moradores da comunidade interessados por atividades de Educação Ambiental.

GRUPO DE ENTREGAS

- Desenvolvimento do projeto de horta dentro da comunidade
- Construção da horta;
- Capacitação da comunidade
- Criação do modelo de negócios
- Criação e venda do protótipo do produto

RISCOS

- Falta de recursos/financiamento inicial
- Falta de equipe técnica

  As duas informações não são riscos, pois a falta de equipe e recursos são certezas que deverão ser resolvidas antes de iniciar a execução do projeto. Nesse contexto, seria um risco o recurso/financiamento acabar ao longo do projeto e a equipe pedir desligamento ao longo de sua execução.

- Pouco engajamento da comunidade
- Falta/pouca demanda por produtos orgânicos
- Terreno da comunidade impróprio para produção
- Violência dentro da comunidade
- Problemas no sistema hídrico

  No abastecimento de água?

LINHA DO TEMPO

- Imersão dentro da comunidade e busca por participantes
- Idealização e estruturação do projeto da horta e modelo de negócios junto aos participantes
- Busca por financiadores
- Separação do terreno e análise de solo
- Estruturação do terreno e construção da horta
- Capacitação dos moradores
- Prototipação e produção
- Venda

  É necessário posicionar as principais entregas no tempo, formando uma versão em alto nível do cronograma.

CUSTOS

- Construção: R$ 15.000
- Pagamento de técnicos: R$ 6.270
- Legalização: R$ 3.000
- Prototipação e venda: R$1.500
  - Transporte: R$800
- Divulgação e marketing: R$2.300

TOTAL: R$ 29.320

R$ 28.870 Este é o valor correto dos itens listados.

José Finnochio Junior

PROJECT MODEL CANVAS

Figura 2.4. Exemplo 1 de *Project Model Canvas*.
Fonte: aluno da quarta turma da disciplina Conceitos e Ferramentas para o Gerenciamento de Projetos comentado por Jamile Marques.

Figura 2.5. Exemplo 2 de *Project Model Canvas*.
Fonte: aluno da quarta turma da disciplina Conceitos e Ferramentas para
o Gerenciamento de Projetos comentado por Jamile Marques.

Definição de UC marinha na plataforma continental Norte do Brasil

GP: GP 3   **PITCH:** Definição de UC marinha na plataforma continental Norte do Brasil

> Falta clareza quanto ao que será realizado com relação à demografia de duas espécies de corais com estratégias de vida contrastantes.

JUSTIFICATIVAS
Passado

- Poucas oportunidades de acesso à atividade de mergulho por parte de estudantes
- Pouca inserção do setor turístico ambiental nas instituições de ensino modernas

OBJ SMART

Organizar em 2 anos operações de mergulho seguidas de palestras para 10 escolas do município do Rio de Janeiro

PRODUTO

- Atividades de campo envolvendo mergulho SCUBA
- Educação ambiental com estudantes da rede municipal do Rio de Janeiro

> Da forma que fez não está errado, porém a itemização potencializa o poder visual da ferramenta.

REQUISITOS

- Embarcação adaptada para atividades de mergulho — preferencialmente um veleiro de 32-36 pés
- Espaço em marina

> Descreva melhor o requisito. Espaço em marina preferencialmente para acomodar veleiro de 32-36 pés.

- Aquisição de equipamento de mergulho com grade de tamanho (15 unidades)

> Com X característica.

incluindo compressor de ar comprimido e cilindros

> Com X característica.

(10 unidades)

> Em requisitos, não é determinante dizer a quantidade do item que será adquirido, e sim as características peculiares necessárias para favorecer o alcance do objetivo do projeto.

BENEFÍCIOS
Futuro

- Percepção real da importância da preservação da biodiversidade e dos serviços ecossistêmicos por parte dos estudantes
- Complementação acadêmica dos estudantes no que tange às ciências da natureza

STAKEHOLDERS EXTERNOS
e Fatores Externos

- Secretaria de Educação do RJ
- Ministério da Educação
- Financiadores
- Órgãos Ambientais (ICMBio/IBAMA/MMA)
- Agências certificadoras de mergulho

EQUIPE

- 2 biólogos
- 2 instrutores de mergulho
- 1 capitão
- 1 marinheiro

GRUPO DE ENTREGAS

- Equipe 1 – atividades práticas com os estudantes em mar
- Equipe 2 – sedimentação do que foi observado em campo na forma de uma palestra de educação ambiental sobre a importância dos sistemas costeiros e seus recursos

RESTRIÇÕES

- Viabilidade de navegação

> Entre X horas e Y horas.

- Condições ideais para a prática segura e proveitosa dos mergulhos

> Que ocorre apenas entre X horas e Y horas.

> Restrições limitam o trabalho da equipe do projeto.

PREMISSAS

- O mergulho é uma ferramenta transformadora poderosa no sentido de consciência ambiental
- Estudantes, ainda no processo de formação ideológica, são altamente suscetíveis a ações de envolvimento mais prático com a natureza

> Fernanda, nos itens acima está pensando com cabeça de pesquisador. Estas são as premissas da sua pesquisa, e não do gerenciamento de seu projeto.
>
> Uma premissa possível do seu projeto é que as escolas do município do RJ se interessará em participar do seu projeto.

RISCOS

- Falta de financiamento
- Falta de equipe técnica

> O risco é um evento incerto, portanto, pode ou não ocorrer. A falta de algo é uma certeza, portanto, não é tratada como um risco. Neste contexto, o risco seria:
>
> Exemplo: suspensão de financiamento durante a execução do projeto.

- Acidentes navais
- Acidentes de mergulho

LINHA DO TEMPO

- Aquisição do patrimônio – 3 meses
- Definição de parceria com as escolas que estejam dispostas a participar do projeto – 2 meses
- Etapa de atividades de campo seguida das palestras – 8-12 meses
- Produção de relatórios e/ou organizar eventos publicitários – 2 meses

> Além da duração de cada atividade, é importante organizá-las em ordem cronológica, gerando o primeiro rascunho do cronograma do projeto.

CUSTOS

Embarcação + Adaptação: R$400.000
Equipamentos: R$150.000
Remuneração da equipe: R$720.000
Gastos extras (combustível, alimentação, etc): R$200.000

TOTAL: R$1.470.000

José Finnochio Junior   **PROJECT MODEL CANVAS**

Figura 2.6. Exemplo 3 de Project Model Canvas.
Fonte: aluno da quarta turma da disciplina Conceitos e Ferramentas para o Gerenciamento de Projetos comentado por Jamile Marques.

Conceitos e ferramentas para o gerenciamento de projetos socioambientais   27

Mapeamento de iniciativas não governamentais no combate às mudanças climáticas no Brasil

GP: GP 4

PITCH: Mapeamento de iniciativas não governamentais no combate às mudanças climáticas no Brasil

JUSTIFICATIVAS
Passado

- Crise climática cada dia mais próxima

- Existência de diversas iniciativas no Brasil que buscam combater os efeitos das mudanças climáticas

- Ausência de comunicação entre as iniciativas existentes

- Ausência de uma plataforma para apoiadores encontrarem e conhecerem iniciativas

PRODUTO

Mapa interativo das iniciativas não governamentais no Brasil que combatem os efeitos das mudanças climáticas

STAKEHOLDERS EXTERNOS
e Fatores Externos

- Membros das iniciativas

- Financiadores

PREMISSAS

- Existência de iniciativas suficientes

- Existência de demanda das iniciativas

- Existência de demanda da população (apoiadores)

- Existência de financiamento

RISCOS

- Falta de iniciativas suficientes

- Falta de demanda (iniciativas e apoiadores)

- Falta de financiamento

OBJ SMART

Mapear em 1 ano principais iniciativas não governamentais de pelo menos 12 principais metrópoles do Brasil para ao final deste período liberar um mapa interativo para acesso ao público

Informação não necessária no objetivo, pois o mapa interativo é um produto do projeto.

REQUISITOS

- Abarcar iniciativas que estejam próximas a grande parte da população e áreas de desenvolvimentos humano no Brasil (metrópoles)

- Acesso a informações básicas das iniciativas como "quem são", "o que fazem" e "como entrar em contato"

- Plataforma de fácil acesso e renovável

EQUIPE

- Biólogo / Eng. Ambiental / Eng. Florestal: analisar se iniciativas estão no escopo do mapeamento

- Geógrafo: desenvolver mapa

- Comunicador: contactar iniciativas e divulgação

GRUPO DE ENTREGAS

- Listagem de iniciativas e informações

- Mapeamento espacial das iniciativas e suas informações

- Desenvolvimento da plataforma para acesso ao mapeamento

LINHA DO TEMPO

- Contato com iniciativas

- Compilação de dados

- Definição classes ou tipos de iniciativas (ex. mobilidade urbana, biodiversidade, alimentação, água)

- Curadoria do Banco de Dados

- Entrega do relatório parcial

- Mapeamento espacial das iniciativas

- Disponibilização do mapeamento na plataforma

- Entrega do relatório final

É necessário posicionar as principais entregas no tempo, elaborando uma versão preliminar do cronograma.

BENEFÍCIOS
Futuro

- Facilitação da comunicação entre iniciativas podendo levar a trabalhos maiores por meio de parcerias

- Facilitação da população para conhecer e apoiar iniciativas no combate à mudanças climáticas

- Maior alcance dos trabalhos realizados pelas iniciativas levando a uma maior conscientização dos efeitos das mudanças climáticas

RESTRIÇÕES

- Financeira: desenvolver e manter plataforma

Somente esta informação não configura uma restrição. Restrição seria: ter até R$ 100.000 para desenvolver e manter a plataforma.

- Técnica: vontade de participação no mapeamento por parte das iniciativas

Isso é uma premissa. Restrição técnica seria algo que limitasse a execução do projeto, por exemplo, a plataforma comporta até XX Tera de dados.

- Demanda: manter plataforma

Não é restrição, e sim processo do projeto.

CUSTOS

R$ 15.000,00

Seria interessante descrever a memória de cálculo ainda que em alto nível.

José Finnochio Junior   PROJECT MODEL CANVAS

Figura 2.7. Exemplo 4 de *Project Model Canvas*.
Fonte: aluno da quarta turma da disciplina Conceitos e Ferramentas para o Gerenciamento de Projetos comentado por Jamile Marques. Esse projeto está sendo desenvolvido pelo Mapeamento de Iniciativas Urbanas Climáticas (MIUC).

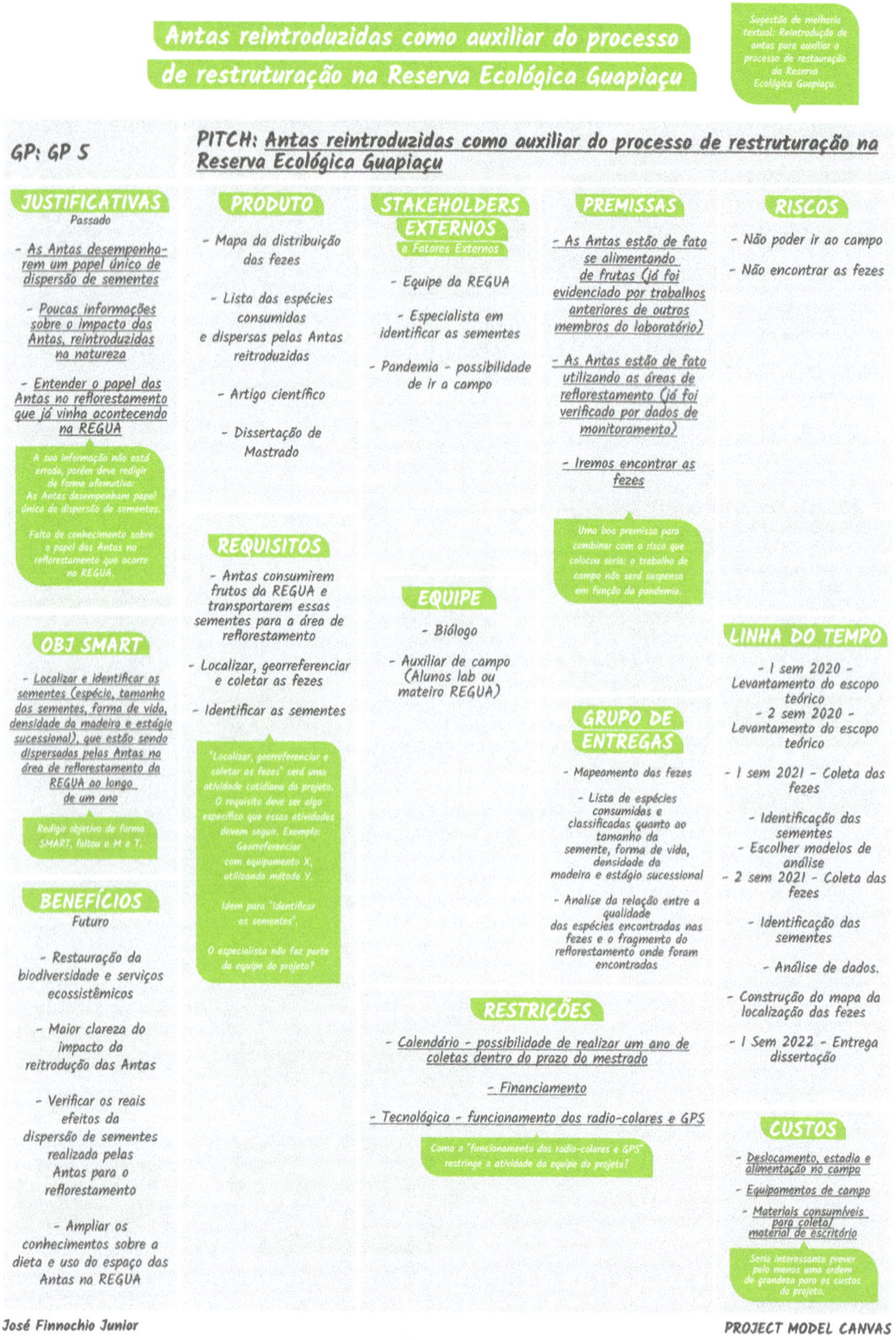

Antas reintroduzidas como auxiliar do processo de restruturação na Reserva Ecológica Guapiaçu

Sugestão de melhoria textual: Reintrodução de antas para auxiliar o processo de restauração da Reserva Ecológica Guapiaçu.

GP: GP 5

PITCH: Antas reintroduzidas como auxiliar do processo de restruturação na Reserva Ecológica Guapiaçu

JUSTIFICATIVAS
Passado

- As Antas desempenharem um papel único de dispersão de sementes

- Poucas informações sobre o impacto das Antas, reintroduzidas na natureza

- Entender o papel das Antas no reflorestamento que já vinha acontecendo na REGUA

A sua informação não está errada, porém deve redigir de forma afirmativa: As Antas desempenham papel único de dispersão de sementes.

Falta de conhecimento sobre o papel das Antas no reflorestamento que ocorre na REGUA.

OBJ SMART

- Localizar e identificar as sementes (espécie, tamanho das sementes, forma de vida, densidade da madeira e estágio sucessional), que estão sendo dispersadas pelas Antas na área de reflorestamento da REGUA ao longo de um ano

Redigir objetivo de forma SMART, faltou o M e o T.

BENEFÍCIOS
Futuro

- Restauração da biodiversidade e serviços ecossistêmicos

- Maior clareza do impacto da reitrodução das Antas

- Verificar os reais efeitos da dispersão de sementes realizada pelas Antas para o reflorestamento

- Ampliar os conhecimentos sobre a dieta e uso do espaço das Antas na REGUA

PRODUTO

- Mapa da distribuição das fezes

- Lista das espécies consumidas e dispersas pelas Antas reitrodudizas

- Artigo científico

- Dissertação de Mastrado

REQUISITOS

- Antas consumirem frutos da REGUA e transportarem essas sementes para a área de reflorestamento

- Localizar, georreferenciar e coletar as fezes

- Identificar as sementes

"Localizar, georreferenciar e coletar as fezes" será uma atividade cotidiana do projeto. O requisito deve ser algo específico que essas atividades devam seguir. Exemplo: Georreferenciar com equipamento X, utilizando método Y.

Idem para "Identificar as sementes". O especialista não faz parte da equipe do projeto?

STAKEHOLDERS EXTERNOS
e Fatores Externos

- Equipe da REGUA

- Especialista em identificar as sementes

- Pandemia - possibilidade de ir a campo

EQUIPE

- Biólogo

- Auxiliar de campo (Alunos lab ou mateiro REGUA)

GRUPO DE ENTREGAS

- Mapeamento das fezes

- Lista de espécies consumidas e classificadas quanto ao tamanho da semente, forma de vida, densidade da madeira e estágio sucessional

- Análise da relação entre a qualidade das espécies encontradas nas fezes e o fragmento do reflorestamento onde foram encontradas

RESTRIÇÕES

- Calendário - possibilidade de realizar um ano de coletas dentro do prazo do mestrado

- Financiamento

- Tecnológica - funcionamento dos radio-colares e GPS

Como o "funcionamento dos radio-colares e GPS restringe a atividade da equipe do projeto?

PREMISSAS

- As Antas estão de fato se alimentando de frutas (já foi evidenciado por trabalhos anteriores de outros membros do laboratório)

- As Antas estão de fato utilizando as áreas de reflorestamento (já foi verificado por dados de monitoramento)

- Iremos encontrar as fezes

Uma boa premissa para combinar com o risco que colocou seria: o trabalho de campo não será suspenso em função da pandemia.

RISCOS

- Não poder ir ao campo

- Não encontrar as fezes

LINHA DO TEMPO

- 1 sem 2020 - Levantamento do escopo teórico
- 2 sem 2020 - Levantamento do escopo teórico

- 1 sem 2021 - Coleta das fezes

- Identificação das sementes
- Escolher modelos de análise
- 2 sem 2021 - Coleta das fezes

- Identificação das sementes

- Análise de dados.

- Construção do mapa da localização das fezes

- 1 Sem 2022 - Entrega dissertação

CUSTOS

- Deslocamento, estadia e alimentação no campo
- Equipamentos de campo
- Materiais consumíveis para coleta/ material de escritório

Seria interessante prever pelo menos uma ordem de grandeza para os custos do projeto.

José Finnochio Junior

PROJECT MODEL CANVAS

Figura 2.8. Exemplo 5 de *Project Model Canvas*.
Fonte: aluno da quarta turma da disciplina Conceitos e Ferramentas para o Gerenciamento de Projetos comentado por Jamile Marques.

Efeito da serapilheira produzida por diferentes espécies arbóreas sobre o processo de regeneração da floresta

GP: GP 6

PITCH: Efeito da serapilheira produzida por diferentes espécies arbóreas sobre o processo de regeneração da floresta

JUSTIFICATIVAS
Passado

- Falta de informação

Sobre o quê? Completar.

- Trabalhos com sinais contrastantes
- Dificuldade de prever o efeito de mudanças na composição das espécies

PRODUTO
- Tese de doutorado

STAKEHOLDERS EXTERNOS
e Fatores Externos

- Órgãos ambientais (ICMBio, Prefeitura RJ)
- Plataforma SISBIO
- Funcionários do Parque Nacional da Tijuca
- Financiadores

PREMISSAS
- Folhas de área foliar e curvatura baixa formarão serapilheiras compactas
- Serapilheiras compactas terão efeito negativo sobre a germinação e estabelecimento inicial de plântulas, quando comparadas com as menos compactas
- Cada etapa do projeto será finalizada dentro do tempo estabelecido

Nos itens acima está pensando com cabeça de cientista. Estas são as premissas da sua pesquisa, e não do gerenciamento de seu projeto.

RISCOS
- Falta de financiamento
- Falta do apoio das bolsas de pesquisa
- Falta de auxílio técnico
- Falta de estrutura física do laboratório

O risco é um evento incerto, portanto, pode ou não ocorrer. A falta de algo é uma certeza, portanto, não é tratada como um risco. Neste contexto, o risco seria:

Exemplo: suspensão do financiamento durante a execução do projeto.

REQUISITOS
- Efeito significativo das características foliares selecionadas para teste
- Diferença entre o desempenho das espécies de folhiço escolhidas para os experimentos;
- Padrão geral replicável de resposta entre as diferentes espécies de sementes

EQUIPE
- Professor
- Doutorandos
- Aluna de Iniciação Científica

OBJ SMART
- Estabelecer padrões de características foliares que otimizem a regeneração das florestas

Redigir objetivo de forma SMART, faltou o M e T.

Preciso entender melhor e sua pesquisa para confirmar se os três primeiros itens são de fato requisitos. Os itens abaixo são, claramente, requisitos.

Os 4 itens abaixo são claramente requisitos.

- Montagem de uma estrutura de teste dentro do campus (casa de vegetação)
- Montagem de um experimento in situ no Parque Nacional da Tijuca
- Levantamento bibliográfico em formato de artigo de meta-análise
- Conclusão da carga-horária das disciplinas (450h)

BENEFÍCIOS
Futuro

- Contribuição para as ciências
- Maior entendimento sobre a importância da diversidade de espécies e sua conservação
- Modelagem com previsão de mudanças na estrutura da comunidade
- Melhoria de formas de manejo florestal e produtividade alimentar
- Possibilidade de redução de custo e aumento da eficiência do plantio e projetos de restauração

GRUPO DE ENTREGAS
- Artigo da qualificação (Cap. I - meta-análise)
- Artigo (Cap. II)
- Artigo (Cap. III)
- Artigo (Cap. IV)
- Relatório para manejo
- Artigo de popularização da ciência para o público geral
- 450 horas de disciplinas

RESTRIÇÕES
- Financeira

Assinale qual é a restrição efetivamente. Exemplo: máximo de R$ X para desenvolver a Pesquisa.

- Técnica

Mencione claramente qual é a restrição técnica. Exemplo: a Pesquisa só pode ser realizada na temperatura X°C.

- Temporal

Quanto tempo? Exemplo: a Pesquisa deve ser concluída em 2 anos.

LINHA DO TEMPO
- Levantamento bibliográfico, qualificação e disciplinas (1o ano)
- Experimento piloto, preparação e implementação dos experimentos I, II e III (2o e 3o ano)
- Análise dos dados e escrita dos manuscritos (4o ano)

CUSTOS
- Material dos experimentos (R$1500)
- Sementes (R$600,00)
- Transporte (R$3000)

Informe os custos totais de seu projeto.

José Finnochio Junior

PROJECT MODEL CANVAS

Figura 2.9. Exemplo 6 de *Project Model Canvas*.
Fonte: aluno da quarta turma da disciplina Conceitos e Ferramentas para o Gerenciamento de Projetos comentado por Jamile Marques.

Restauração de ambientes de canga por meio de técnicas de nucleação

GP: GP 7

PITCH: Restauração de ambientes de canga por meio de técnicas de nucleação

JUSTIFICATIVAS
Passado

- Ambientes extremamente ameaçados
- Área com muitas atividades e conflitos econômicos e sociais
- Dificuldade no acesso a sementes e diminuição de custos

OBJ SMART

Testar a técnica de nucleação para atração da fauna dispersora de sementes para acelerar processo de restauração natural de canga em 2 anos de estudo

Qual é a área de canga a ser restaurada naturalmente? Se houver, é importante mencionar no objetivo do projeto para torná-lo a mais específico possível (S).

BENEFÍCIOS
Futuro

- Exemplo alternativo de baixo custo para restauração de áreas de canga
- Importante compilação de dados para ações de conservação sobre este ambiente ameaçado

PRODUTO

- Apresentação de técnicas, resultados alternativos e positivos na restauração de cangas

O produto do projeto seria um relatório contendo estas informações?

REQUISITOS

- Identificação de espécies vegetais que compõem o banco de semente trazido para a área a ser restaurada pelas espécies de fauna

Identificar não é um requisito. Requisito seria, por exemplo, restauração por meio da utilização das espécies X, Y e Z.

- Identificação das espécies de fauna dispersora de sementes nativas presentes na área de estudo

Através do protocolo/método X.

- Medição do sucesso da restauração

Através do protocolo/método 2.

- Definição e apresentação do protocolo metodológico utilizado para replicação em outras áreas

De acordo com a norma X.

Requisitos são características inerentes ao projeto que o torna único. Caso o projeto seja executado em não conformidade aos requisitos, não será considerado entregue.

STAKEHOLDERS EXTERNOS
e Fatores Externos

- Indústrias Mineração de ferro
- Financiadores
- Órgãos Ambientais
- Laboratórios e coleções científicas

EQUIPE

- Biólogos (1)
- Orientadores (3)
- Laboratório de Ornitologia do Museu de Ciência Naturais da PUC – Minas
- Herbário UFOP

RESTRIÇÕES

- Financeira

Somente esta informação não configura uma restrição. Restrição seria: ter até R$ X para executar o projeto.

- Necessidade de permissões para início dos trabalhos

PREMISSAS

- Interesse dos órgãos ambientais e do setor privado nos resultados
- A área definida para trabalho não sofrerá interferência natural ou antrópica durante o processo. (Área protegida, UC)

Para sua reflexão: o fato de ser UC mitiga interferências antrópicas, porém não é relevante contra interferências naturais.

- Parcerias com instituições garantidas

GRUPO DE ENTREGAS

- Tese de doutorado com resultados e descrição de métodos
- Área predefinida em processo inicial de restauração natural

RISCOS

- Falta de financiamento

A falta de algo não é um risco, e sim uma certeza que deverá ser resolvida antes de iniciar a execução do projeto. Nesse contexto, seria um risco o financiamento acabar ao longo do projeto.

- Parcerias desfeitas
- Fatores estocásticos como queimadas e/ou excesso de chuvas
- Atividades de caça e captura ilegal de espécies de fauna e flora

LINHA DO TEMPO

- Compilação de dados, primeiro trimestre
- Instalação das técnicas na área de estudo, primeiro trimestre
- Monitoramento, dois anos
- Análise e identificação, dois anos
- Elaboração, discussão e entrega de resultados, último trimestre

É necessário posicionar as principais entregas no tempo, elaborando uma versão preliminar do cronograma.

CUSTOS

R$ 50.000,00

É importante elaborar uma primeira memória de cálculo do projeto, não apenas o valor total.

José Finnochio Junior

PROJECT MODEL CANVAS

Figura 2.10. Exemplo 7 de *Project Model Canvas*.
Fonte: aluno da quarta turma da disciplina Conceitos e Ferramentas para o Gerenciamento de Projetos comentado por Jamile Marques.

Avaliação dos impactos de rodovias para herpetofauna da Mata Atlântica

GP: GP 8

PITCH: Avaliação dos impactos de rodovias para herpetofauna da Mata Atlântica

JUSTIFICATIVAS
Passado

- Falta de conhecimento sobre mortalidade de herpetofauna (anfíbios e répteis) nas rodovias
- Poucos estudos sobre efeitos de borda e perda de habitat à fauna

PRODUTO

- Tese descrevendo o conhecimento acerca dos impactos dos modais rodoviários sobre a herpetofauna

STAKEHOLDERS EXTERNOS
e Fatores Externos

- População
- Financiadores/apoiadores
- ICMBio

PREMISSAS

- Não haverá intercorrência no prazo de defesa da tese

  Esta é uma premissa ligada ao objetivo de pesquisa, e não ao gerenciamento do projeto.

- Grande mortalidade de anfíbios e répteis nas rodovias do bioma Mata Atlântica

- Necessidade de melhor compreensão dos impactos das rodovias sobre tal grupo e necessidade de medidas de mitigação

  Esta é uma premissa ligada ao objetivo de pesquisa, e não ao gerenciamento do projeto.

  Exemplo de premissa correta: O ICMBio concedera autorização solicitada.

RISCOS

- Falta de apoio da comunidade
- Falta de equipe de campo
- Falta de orçamento/financiadores

  As duas informações não são riscos, pois a falta de equipe e financiadores é algo certo que deverá ser resolvido antes de iniciar a execução do projeto. Nesse contexto, seria um risco a recurso/financiamento acabar ao longo do projeto e a equipe pedir desligamento ao longo de sua execução.

- Escassez de dados

OBJ SMART

Avaliar os registros de fauna atropelada da Mata Atlântica à influência da fragmentação de habitat sobre a mortalidade da herpetofauna em rodovias

Redigir o objetivo de forma SMART.

REQUISITOS

- Registros de herpetofauna atropelada

  De acordo com o protocolo/método X.

- Recursos financeiros para campo

  Advindos da Instituição/Fundação Z.

- Equipamentos para coleta e análises de dados

  Da marca Y.

- Auxiliares de campo

  Com qualificação W.

  Requisitos são características inerentes ao projeto que o tornam único. Caso o projeto seja executado em não conformidade com os requisitos, não será considerado entregue.

EQUIPE

- Bióloga
- Auxiliar de Campo
- Pessoa capacitada em análises de SIG e estatística para oferecer treinamento

GRUPO DE ENTREGAS

- Escrita do projeto
- Autorização/Licenças
- Escrita dos resultados
- Escrita da discussão
- Defesa

BENEFÍCIOS
Futuro

- Melhor possibilidade de desenvolver medidas de mitigação para o grupo em investigação
- Mais conhecimento sobre o impacto de rodovias sobre anfíbios e répteis
- Mais medidas de preservação e conservação da biodiversidade
- Apoio da população para a conservação

RESTRIÇÕES

- Financeira

  Orçamento de R$ X para implementação da pesquisa.

- Técnica (Auxiliar de Campo)

  Só pode trabalhar de X h às Y h.

- Ambientais (Condições climáticas)

  Só é permitido coletar os animais em dias sem chuva.

- Físicas (ex.: Pandemia – impossibilidade de ir a campo)

LINHA DO TEMPO

- Escrita Projeto (Dezembro 2020)
- Licenças para execução (Janeiro 2021)
- Coleta de Dados (Fevereiro de 2020 a Janeiro de 2021)
- Escrita dos resultados (Janeiro 2022)
- Escrita da Discussão (Junho 2023)
- Entrega da versão final (Dezembro 2023)
- Defesa (Fevereiro 2024)

CUSTOS

Estimativa de R$ 10.000,00 a serem utilizados para arcar com os custos de materiais de campo, diárias e análises de dados

É importante elaborar uma primeira memória de cálculo do projeto.

José Finnochio Junior — PROJECT MODEL CANVAS

Figura 2.11. Exemplo 8 de *Project Model Canvas*.
Fonte: aluno da quarta turma da disciplina Conceitos e Ferramentas para o Gerenciamento de Projetos comentado por Jamile Marques.

Iniciação

O processo de iniciação em gerenciamento de projetos consiste em definir os objetivos gerais, estimar custos e prazos, bem como incluir as principais informações relativas ao projeto necessárias para a execução do planejamento.

Uma das saídas deste processo é o Termo de Abertura de Projeto (TAP). Esse documento possui viés corporativo e contém o mínimo de informações necessárias para o entendimento geral dos envolvidos sobre o projeto. Nesse contexto, o TAP deve conter os seguintes itens, mas não se restringir a eles: descrição, objetivo ou justificativa do projeto; principais entregas; tempo estimado e/ou marcos; custo estimado; benefícios (numéricos); premissas; restrições; riscos (gerais) do projeto; critérios de aceitação; gerente de projetos; considerações relevantes; aprovação do patrocinador e partes interessadas.

Para auxiliar nessa fase de concepção do projeto, recomenda-se a utilização da ferramenta *Project Model Canvas* (FINOCCHIO JÚNIOR, 2013), que utiliza conceitos da neurociência e propõe uma estrutura lógica, visual e colaborativa para a iniciação de projetos em alto nível. O preenchimento do *Project Model Canvas* (PMC) pode ser realizado de forma presencial com o uso de *post-its* ou remota através de softwares colaborativos pagos e gratuitos, como o Miro, Mural, Deskle, Conceptboard, Lucidchart e Jamboard. O quadro é preenchido visando responder aos seguintes aspectos do projeto em concepção: por quê? O quê? Quem? Como? Quando? Quanto? Toda a equipe, incluindo o gerente de projetos, deve participar do preenchimento do *Canvas*, com o objetivo de mapear todas as possíveis variáveis do projeto. Não existe um prazo estabelecido para executar a atividade, sendo que o time deve se reunir com tempo suficiente para realizar o preenchimento com eficácia.

Esta ferramenta possibilita desenvolver uma visão generalista do projeto sem adentrar em detalhes específicos das áreas de conhecimento, adequando-se de forma satisfatória às necessidades da iniciação. Destaca-se que a construção dessa ferramenta, física ou virtual, facilita a inserção e o remanejamento de informações durante o processo criativo da equipe. Além disso, auxilia no entendimento dos envolvidos com o projeto e a construção colaborativa entre o gerente de projetos e sua equipe. A grande vantagem de ferramentas visuais e colaborativas como esta é estimular que o projeto seja construído com base no conhecimento dos técnicos que atuarão no dia a dia do empreendimento. O PMC pode ser utilizado ainda para ampliar a consciência e trazer clareza para a equipe sobre um projeto que precisa ser revisado ou melhorado.

Planejamento

Após o processo de iniciação, começa o planejamento. Nesta etapa, tudo o que foi definido no processo de iniciação é detalhado, a partir da elaboração do plano do projeto e desenvolvimento de seus componentes de gerenciamento auxiliares, de forma a viabilizar a execução propriamente dita. Durante o planejamento, os riscos são mapeados detalhadamente, os custos estimados são especificados, a qualidade das entregas é definida, o cronograma é refinado, o plano de comunicação aos *stakeholders* é aprofundado, dentre outras ações aplicáveis.

O processo de planejamento é extremamente relevante para o sucesso do projeto e, por esse motivo, é um dos processos que mais demandam dedicação do gerente de projetos. Apesar disso, é comum que este processo receba baixa atenção dos gestores, acarretando problemas durante o processo de execução.

Uma das etapas mais importantes do planejamento é a definição do escopo do projeto. Esta atividade visa garantir que o objetivo geral seja atingido, sendo necessário, para isso, a definição cuidadosa e colaborativa das atividades, de forma que não falte o necessário para alcance das metas, devidamente alinhadas com as expectativas do cliente ou *sponsor*.

Além de outras demandas, nessa fase do planejamento é boa prática elaborar a Estrutura Analítica do Projeto (EAP, em inglês *Work Breakdown Structure* – WBS). De acordo com o *Project Management Institute* (2017), a EAP representa "a decomposição hierárquica orientada às entregas do trabalho a ser executado pela equipe para atingir os objetivos do projeto e criar as entregas requisitadas, sendo que cada nível descendente da EAP representa uma definição gradualmente mais detalhada da definição do trabalho do projeto". Esta ferramenta será detalhada adiante neste capítulo.

Execução

Após a elaboração de todos os planos de gerenciamento de escopo, cronograma, custos e demais áreas de conhecimento, este é o momento em que o projeto se inicia de fato. A execução é realizada de acordo com o planejamento desenvolvido no processo anterior.

O papel do gerente de projetos, nesse momento, é garantir que os planos desenvolvidos para cada área de conhecimento durante a etapa do planejamento sejam cumpridos. Essa é a fase mais desafiadora para o profissional de gerenciamento e envolve uma das áreas de conhecimento mais importantes no dia a dia desse profissional, a comunicação.

O foco do gestor durante o processo de execução é garantir que o escopo previsto na EAP seja realizado nos prazos estabelecidos no cronograma elaborado com menor desvio possível em relação à linha de base e conforme o orçamento estabelecido.

Monitoramento e controle

Na prática, os processos de execução e monitoramento e controle ocorrem de forma concomitante. O processo de monitoramento e controle é crucial para a garantia da saúde na execução dos projetos, pois permite identificar falhas, atrasos, dificuldades, problemas e oportunidades na execução dos empreendimentos.

O intuito principal desse processo é comparar o que está sendo executado em cada plano com as linhas de base que foram definidas no planejamento, ou seja, o principal papel do gestor, nesse caso, consiste na análise do realizado *versus* planejado.

É importante ressaltar que a entrega de determinado produto no prazo e de acordo com o custo previsto não é o suficiente para garantir o atendimento da expectativa do cliente. Nesta etapa, o gerenciamento da qualidade nos projetos é de extrema relevância para que, além de cumprir prazo, escopo e custo, os entregáveis sejam concluídos na qualidade desejada e contratada pelo cliente, completando assim o triângulo dos projetos e a qualidade.

Encerramento

Após iniciar, planejar, executar, controlar e monitorar o projeto, com a conclusão é realizado o processo de encerramento, o qual consiste na formalização da finalização do projeto ou fase.

O encerramento do projeto depende inteiramente do marco de produto finalizado e representa o marco principal, em que tudo o que foi contratado pelo cliente deverá ser entregue. Caso o projeto seja a construção de um prédio, por exemplo, o encerramento estará vinculado à finalização da obra ou a inauguração do empreendimento poderá ser considerada entrega final. No caso de obras públicas, o encerramento pode estar relacionado à inauguração do equipamento público ou à entrega para o ente que o administrará.

Corporativamente, para essa atividade é utilizado um Termo de Encerramento do Projeto (TEP), documento que resume o que foi executado com todas as informações relevantes, as pendências contratuais, se houver, e aprovação do cliente com relação às entregas parciais e/ou totais.

No processo de encerramento, realiza-se também a desmobilização dos recursos. Um importante registro produzido nesta fase é a sistematização das lições aprendidas, que pode ser incorporada ao TEP. Esse documento deve servir como material de consulta para a realização de futuros projetos, principalmente aqueles que forem semelhantes. Para isso, é desejável que os planos de ação gerados ao longo do projeto sejam sistematizados em lições aprendidas e incorporados ao ativo organizacional da instituição.

A importância das áreas de conhecimento para o sucesso do projeto: teoria e prática para além do *PMBOK® Guide*

Adiante neste capítulo, serão endereçadas as novas perspectivas propostas pelo PMI para o gerenciamento de projetos. Em uma abordagem mais moderna, o PMI recomenda a substituição dos cinco processos citados anteriormente por 12 princípios de entrega. Apesar das mudanças propostas, foi mantida a definição dos cinco processos – especialmente para o profissional que está iniciando seu estudo em gerenciamento de projetos ou para aquele que deseja aperfeiçoar suas práticas, a divisão do projeto em cinco grupos de processos é didática e facilita o desenvolvimento do tema.

Gerenciamento do escopo

Para a coleta de requisitos e a definição do escopo, é importante realizar a etapa de descoberta (*discovery*), principalmente de produtos e serviços criados e gerenciados de forma ágil. Esta etapa é muitas vezes negligenciada, o que pode resultar em uma execução incorreta do projeto. Para este propósito, recomenda-se a utilização do *Design Thinking* (BROWN, 2018). Nesta abordagem, utilizam-se o pensamento crítico e a criatividade para levantamento de múltiplas soluções e teste de diversos caminhos que geram, consequentemente, aprendizado durante o processo de forma empírica.

No *Design Thinking*, são levados em consideração três aspectos que, combinados, resultam em valor de negócio. Do contrário, a solução proposta será apenas uma invenção e não uma inovação. São eles:

1. Olhar no ser humano
2. Olhar de negócio
3. Olhar tecnológico

Um dos métodos mais utilizados *no Design Thinking* é o Duplo Diamante (Figura 2.12). O Duplo Diamante consiste em um processo de ampliação de possibilidades e posterior foco no desenvolvimento das soluções mapeadas. Conforme ilustrado na figura a seguir, as principais atividades do método são: descobrir, definir, desenvolver e entregar. A todo momento devem ser realizadas ações de refinamento e redefinição do escopo, de acordo com os problemas apresentados pelo cliente.

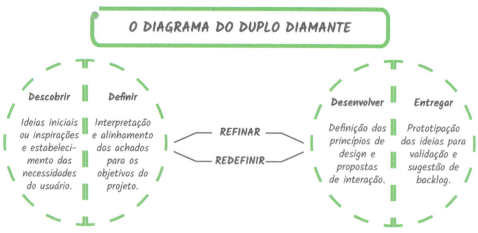

Figura 2.12. Método do Duplo Diamante do *Design Thinking*.
Fonte: adaptado de Brown, 2018.

Conforme mencionado anteriormente, uma das ferramentas mais utilizadas no gerenciamento tradicional de projetos é a Estrutura Analítica de Projetos (EAP). Essa ferramenta apresenta a decomposição de todo o escopo a ser executado durante o empreendimento. Os benefícios de utilizá-la consistem na capacidade sintética e visual de comunicar o escopo, podendo ser desenvolvida com a colaboração da equipe técnica que executará o projeto. Verifica-se que a montagem da EAP se assemelha a uma estrutura hierárquica em formato de organograma, em que as entregas e os produtos necessários são representados em níveis.

No gerenciamento tradicional a mudança do escopo era vista como indesejável, sendo necessário desencadear uma série de processos para sua realização. No contexto da gestão moderna, ágil, a mudança de escopo é vista como algo desejável, pois uma das filosofias principais desse tipo de gestão é foco no cliente ou usuário, e, portanto, esse processo aumenta a aderência do produto ao mercado. Por isso, a realização constante e repetida do ciclo PDCA facilita a identificação da necessidade de adequação do escopo e favorece uma gestão mais eficiente e eficaz de projetos.

É de extrema relevância que o escopo seja claro para todos os envolvidos no projeto, pois a falta de clareza pode significar a incapacidade técnica e/ou financeira de realizá-lo ao longo do projeto.

Vida Real
(Jamile Marques)

Certa vez, em um projeto de condicionantes do licenciamento ambiental federal conduzido pelo IBAMA, cujo foco era a recuperação de áreas degradadas de manguezal no norte fluminense, ao longo do projeto constatou-se que não foram adquiridas perneiras para os técnicos de campo. Este equipamento é de extrema importância, pois protege contra picadas de cobras típicas de manguezais. A atenção insuficiente no detalhamento do escopo gerou uma exposição dos técnicos a possíveis ocorrências bem como disparou a necessidade urgente de compra do equipamento ao longo do processo de execução do projeto, momento inoportuno para preocupações que deveriam ter sido sanadas no processo de planejamento.

A entrega principal, que consiste no produto, resultado ou serviço final propriamente dito, pode ser dividida em subentregas, sendo estas, por sua vez, denominadas pacotes de trabalho, que correspondem ao menor nível de decomposição da EAP. No Capítulo 8 desta obra, será apresentada a EAP do Projeto Agroextrativismo executado pelo Núcleo de Gestão Integrada de Carajás, Pará, pertencente ao Instituto Chico Mendes de Conservação da Biodiversidade (ICMBio).

Os pacotes de trabalho serão posteriormente decompostos em atividades durante a elaboração do cronograma. Existem diversas ferramentas que possibilitam a definição e organização do escopo do projeto em uma EAP. É recomendável que o gerente de projetos siga as boas práticas estabelecidas pelo *PMBOK® Guide* 6ª edição ao elaborar a EAP, destacando-se dentre elas:

1. Escrever o nome do projeto no primeiro nível (nível 0).
2. Acrescentar as fases do ciclo de vida do projeto (entrega completa da fase) no segundo nível.

3. Decompor as entregas (produtos ou serviços) em subprodutos (entregas parciais).
4. Decompor as entregas parciais até o nível de detalhe que viabilize o planejamento e controle em termos de tempo, custo, qualidade, risco, etc.
5. Revisar continuamente a EAP, refinando-a até que seja aprovada.

Um dos softwares que auxiliam na coleta de requisitos e validação do escopo junto ao cliente chama-se WBS Schedule Pro, que pode ser baixado de forma gratuita e amostral no endereço <https://www.criticaltools.com/WBSChartPro.html>.

Em conjunto com a EAP é elaborado um dicionário, denominado Dicionário da EAP, documento no qual os pacotes de entrega são detalhados para melhor compreensão de todos os envolvidos com o projeto.

No gerenciamento ágil de projetos o escopo é representado por meio de temas, épicos e histórias de usuário, de acordo com seu nível de detalhamento. Os temas e épicos são dispostos no *roadmap*, trazendo uma visão completa das funcionalidades que o projeto prevê entregar. O *roadmap* é dividido em *releases*, de acordo com a sequência de valor a ser entregue ao cliente. As histórias de usuário são organizadas em uma pilha de trabalho denominada *backlog* do projeto, onde os itens são posicionados conforme prioridade de execução.

A principal diferença na definição de escopo entre a gestão tradicional e ágil de projetos consiste no fato de que na gestão tradicional o escopo é exaustivamente delineado no processo de planejamento do projeto e deseja-se executá-lo na íntegra, sem significativas mudanças ao longo do curso. Já na gestão ágil o escopo não é detalhado minuciosamente; deseja-se apenas defini-lo de forma suficiente para se iniciar o projeto. Ao longo da execução deste, realiza-se o refinamento do escopo, também denominado de *grooming*, à luz do *feedback* dos clientes que já experimentam os produtos, serviços ou resultados apresentados (Figura 2.13).

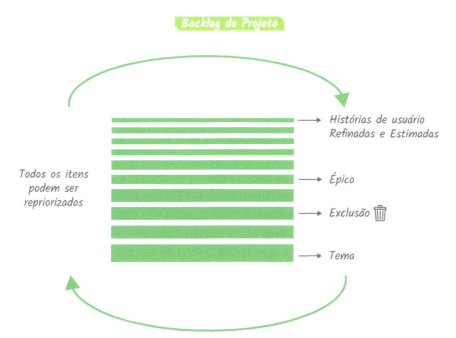

Figura 2.13. *Backlog* do projeto contendo temas, épicos e histórias de usuário.
Fonte: elaborado por Jamile Marques.

Gerenciamento do cronograma

Assim como o escopo, a definição cronológica das atividades e o atendimento aos prazos do projeto são de extrema relevância para o gerenciamento, uma vez que atrasos podem representar não só um problema com o cliente, mas um incremento de custos. A elaboração do cronograma é totalmente dependente da definição do escopo do projeto, pois a partir do estabelecimento dos pacotes de trabalho da EAP são definidas as atividades do cronograma e, posteriormente os respectivos prazos de execução. Considerando o prazo de todas as atividades, chega-se à duração total do projeto.

Cabe destacar que todo projeto possui atividades que, devido à sua relação de folga com as demais atividades, podem impactar na duração final do projeto caso ocorra algum atraso. Existem três principais conceitos de folga em projetos:

1. **Folga total:** tempo de adiamento possível de uma atividade sem comprometer a data final de um projeto.
2. **Folga livre:** é o tempo que é possível atrasar o início de uma atividade sem adiar o início das atividades que a sucedem.

3. **Folga de projeto:** é gerada a partir da diferença entre a data de término imposta externamente por um *stakeholder* ou cliente e a data real de término prevista para o projeto.

Diante dos diferentes conceitos de folga existentes, o gerente analisa e identifica as atividades mais flexíveis do cronograma para que, em caso de necessidade, sejam adiadas ou tenham os recursos remanejados para atender a outra demanda mais urgente no projeto.

O conjunto de atividades que possuem folga livre igual a zero compõe o **caminho crítico** do projeto. As atividades consideradas críticas são aquelas que, se atrasarem, levarão consequentemente a atrasos na conclusão do projeto. Portanto, é de extrema relevância que o gestor conheça o caminho crítico do seu projeto para que dedique recursos necessários ao sucesso, principalmente dessas atividades. Um gestor conhecedor deste conceito, por exemplo, não delegaria a execução de uma atividade no caminho crítico a um profissional com pouca experiência.

Com relação a projetos socioambientais, deve-se ter especial atenção com a gestão do cronograma, pois um mês de atraso pode significar a perda de um semestre de trabalho e a inobservância às exigências do órgão regulador. Essa característica se observa especialmente no cumprimento de condicionantes do licenciamento ambiental, em que se solicita com frequência a realização de levantamentos e monitoramentos ambientais de acordo com as épocas do ano.

Ter folgas no projeto não é a condição comum, pois, em geral, busca-se uma execução enxuta visando a redução dos gastos. Existem várias técnicas para otimização do cronograma, como *fast tracking* e *crashing* (Figura 2.14). No *fast tracking*, o gerente reduz a duração do cronograma ao realizar atividades de forma concomitante, utilizando o mesmo recurso em atividades diferentes. Neste caso, aumenta-se principalmente o risco de não realização da atividade ou da baixa qualidade em função do compartilhamento dos recursos. No *crashing*, o cronograma é reduzido a partir do emprego de mais recursos para a execução das atividades. Neste caso, aumentam-se principalmente os custos do projeto. Ambas as técnicas são capazes de reduzir a duração do cronograma e auxiliar no retorno do projeto à sua linha de base, porém deve-se atentar aos riscos de sua utilização. Para atividades contidas no caminho crítico, por exemplo, não é vantajoso aplicar o *fast tracking*, pois aumentará o risco sobre atividades cuja folga livre é igual a zero.

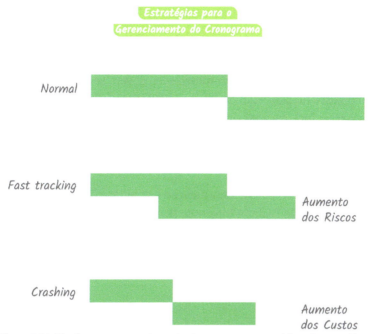

Figura 2.14. Técnicas para gerenciamento do cronograma, *crashing* e *fast tracking*.
Fonte: elaborado por Jamile Marques.

Para otimizar a elaboração e a gestão do cronograma, recomenda-se a utilização de softwares de planejamento. Uma ferramenta amplamente utilizada pelas corporações é o Microsoft Project, especialmente empregado para gerir projetos de forma preditiva. Este software possui diversas funcionalidades que permitem ao gerente de projetos obter inúmeras informações relevantes de forma rápida e clara, como a visualização do caminho crítico através do gráfico de Gantt. Este software facilita, por exemplo, a gestão das condicionantes do licenciamento ambiental, geralmente compostas por inúmeros programas de escopo amplo e variado, muitos deles pré-requisito para a obtenção das demais licenças ambientais. Um exemplo de aplicação dessa ferramenta em um caso real pode ser observado no Capítulo 4, que aborda o gerenciamento de projetos socioambientais condicionantes do licenciamento ambiental federal de um empreendimento de grande porte.

Na etapa de monitoramento e controle do cronograma, pode ser aplicado um índice denominado *Schedule Performance Index* (SPI). No estudo de caso do Capítulo 4 também são abordadas informações sobre o monitoramento e controle do cronograma, bem como a aplicação do SPI.

Gerenciamento das partes interessadas

As partes interessadas são todas as instituições que podem afetar de forma positiva, negativa, direta ou indireta o alcance do objetivo do projeto. Devido à sua relevância para o sucesso do projeto, as partes interessadas devem ser identificadas na primeira etapa, que consiste no processo de iniciação (*PMBOK® Guide*, 6ª edição). Entender quais são as partes interessadas no projeto auxilia na definição da melhor estratégia de comunicação e relacionamento, visto que o produto, serviço ou resultado do projeto terá impacto indireto ou direto na vida das partes interessadas.

Existem diversos modelos para a identificação e qualificação das partes interessadas. Um deles é o Modelo de Poder e Interesse (KAMANN, 2007), o qual correlaciona o nível de poder ou autoridade das partes interessadas com seus respectivos interesses no resultado do projeto e recomenda determinadas ações de gestão de acordo com o perfil dos *stakeholders* (Figura 2.15).

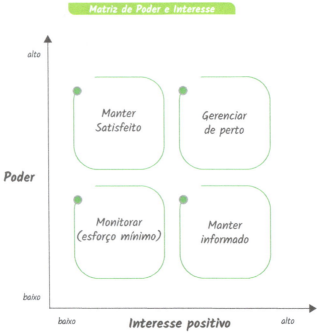

Figura 2.15. Modelo de Poder e Interesse para o mapeamento das partes interessadas.
Fonte: adaptado de Kamann, 2007.

Outra ferramenta relevante para mapear e qualificar as partes interessadas é o Modelo de Importância Relativa proposto por Mitchell, Agle e Wood (1997), conforme ilustra a Figura 2.16, que caracteriza as partes interessadas com base no seu poder (capacidade de impor sua vontade), na urgência (necessidade de atenção imediata) e na legitimidade (envolvimento apropriado). Este método qualifica os *stakeholders* em oito perfis, a saber:

1. **Adormecido:** possui poder para impor sua vontade, porém não tem legitimidade ou urgência.
2. **Arbitrário ou discricionário:** possui legitimidade, mas não possui poder nem urgência de influenciar a organização.
3. **Reivindicador ou exigente:** apresenta urgência sem poder nem legitimidade.
4. **Dominante:** possui poder e legitimidade, mas não tem urgência.
5. **Perigoso:** possui poder e urgência, podendo impor sua vontade mesmo sem legitimidade.
6. **Dependente:** possui legitimidade e urgência, mas, por não ter poder, depende do poder de outros interessados.
7. **Definitivo:** é, provavelmente, o primeiro a ser identificado. Exerce poder de influência, tem legitimidade e urgência. É o público que figura no primeiro lugar da lista de ações com *stakeholders*.
8. **Não *stakeholder* ou *stakeholder* em potencial:** encontra-se desenquadrado dos campos do Diagrama de Venn, pois o indivíduo ou grupo não apresenta qualquer tipologia de influência e tampouco é influenciado pela operação da organização.

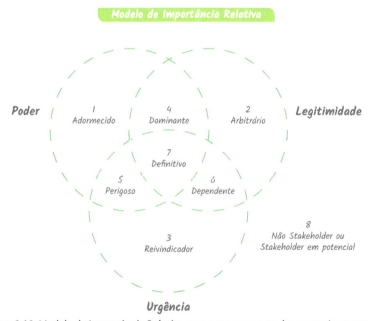

Figura 2.16. Modelo de Importância Relativa para o mapeamento das partes interessadas.
Fonte: adaptado de Mitchell, Agle e Wood, 1997.

A importância da identificação e gestão de *stakeholders* já foi observada em diversos casos históricos. Em 2010, a plataforma de exploração de petróleo *Deepwater Horizon*, da empresa britânica BP, explodiu, causando um grande vazamento de petróleo. Diante da ineficiência da gestão dos *stakeholders* mediante o grave acidente ambiental, observou-se um deslocamento no seu posicionamento, conforme apresentado na Figura 2.17. Este caso demonstra a relevância da gestão dos *stakeholders*, pois sua ineficiência pode tornar um *stakeholder* descontente com o projeto e o seu posicionamento passar a ser contrário à execução deste. No Capítulo 7, será demonstrado como um órgão de controle ambiental estadual na região serrana do Estado do Rio de Janeiro utilizou o Modelo de Importância Relativa no Projeto Bom Uso da Água.

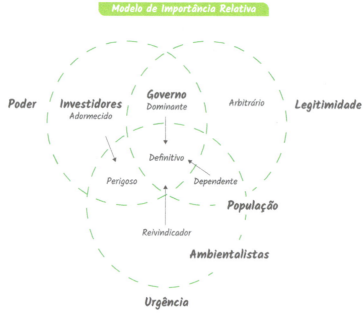

Figura 2.17. Movimentação dos principais *stakeholders* após o vazamento de óleo decorrente da explosão da *Deep Water Horizon* no Golfo do México em 2010.
Fonte: adaptado de Keeling e Branco, 2014.

Gerenciamento dos riscos

Apesar de não estar no triângulo das principais áreas de foco do gerente, o gerenciamento de riscos e oportunidades pode levar o projeto ao completo sucesso, quando executado da forma correta, ou fracasso, quando negligenciado.

De acordo com *PMBOK® Guide* 6ª edição (PROJECT MANAGEMENT INSTITUTE, 2017), o processo de gerenciamento de riscos e oportunidades em projetos é iniciado com a etapa de identificação de riscos e oportunidades do projeto, sendo essa ação executada a partir da realização de fóruns e *workshops*, *brainstorm*, entrevistas individuais com a equipe envolvida no projeto, análise da documentação do projeto, verificação da matriz de riscos de projetos anteriores, elaboração da matriz SWOT etc. Todos os riscos e oportunidade (riscos positivos) levantados e identificados no contexto do projeto são compilados para a matriz de análise de riscos e, com isso, são definidas as seguintes variáveis: tipo (positivo ou negativo), fase do projeto em que o risco poderá ocorrer, categoria do risco e sinais de alerta para rápida identificação de que o risco está iminente.

A etapa seguinte consiste nas análises qualitativas, as quais oferecem como resposta categorias de nível (muito alto, alto, médio e baixo), e quantitativas, que retornam com um valor para o risco referente à mensuração do impacto deste na execução do projeto. Tais análises são realizadas com base na probabilidade de o risco ocorrer e a consequência que este pode trazer, possibilitando uma priorização dos riscos potenciais que necessitam de uma maior atenção, em virtude da valoração do impacto vinculado. Considerando as análises qualitativas, para auxiliar o processo podem ser consideradas técnicas como experiências de projetos anteriores ou de especialistas no momento da categorização, enquanto para as análises quantitativas são aplicadas técnicas como árvore de decisão, simulação de Monte Carlo, Pert, dentre outras.

Para concluir a etapa de planejamento, após valorados e priorizados, são desenvolvidos os planos de resposta para aplicação antes do risco ou da oportunidade se estabelecer no projeto e os planos de contingência para acionamento caso o risco venha a ocorrer. Cabe destacar que, concluída a matriz de gerenciamento de riscos, a etapa seguinte de execução consiste na implementação das ações de resposta propriamente dita, e o monitoramento e controle mediante acompanhamento da efetivação dos riscos e oportunidades, bem como complementação da matriz de riscos ao longo do projeto com novos itens identificados.

Em relação à gestão ágil, cabe destacar que não existe uma estruturação bem estabelecida para gestão de riscos e oportunidades. As tratativas necessárias são sanadas com a maior interação com o cliente/usuário, onde o desenvolvimento do produto ou serviço é acompanhado e testado constantemente, com a aplicação dos ciclos de PDCA após cada verificação.

Gerenciamento da qualidade

Existem diversas ferramentas disponíveis para auxiliar no gerenciamento da qualidade em projetos. Dentre essas ferramentas, cabe destacar o Diagrama de Ishikawa, também conhecido como Espinha de Peixe ou Diagrama de Causa e Efeito. Este diagrama representa o problema ou efeito indesejado identificado apresentado na cabeça, as principais causas ou categorias distribuídas nas espinhas e as causas potenciais dentro de cada categoria que contribuem para o indesejado localizadas nas estrias das espinhas. Esse método auxilia na visualização e facilita a decomposição das causas. A Figura 2.18 ilustra a construção de um diagrama.

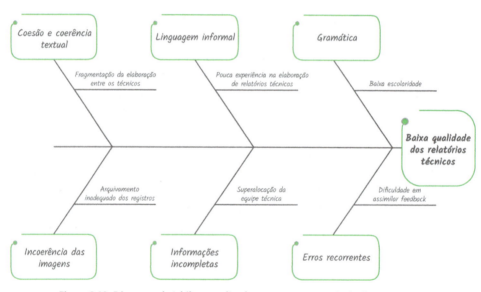

Figura 2.18. Diagrama de Ishikawa aplicado para mapear as principais causas para a baixa qualidade dos relatórios técnicos de projeto socioambiental.
Fonte: elaborado por Jamile Marques.

Outro método bastante conhecido na gestão da qualidade é o Diagrama de Pareto ou regra 80/20. Com esta ferramenta é possível identificar e priorizar os problemas que necessitam ser resolvidos para melhorar o desenvolvimento do projeto e obter o sucesso almejado.

Essa teoria foi fundamentada pelo economista italiano Vilfredo Pareto, do século XIX, quando detectou que grande parte da riqueza da sociedade italiana pertencia à minoria da população, criando a regra de 80/20, que representa que 80% da riqueza está concentrada em apenas 20% da população. Fazendo um paralelo com o gerenciamento da qualidade, quando o foco é estabelecido em solucionar 20% das causas, serão mitigados 80% dos problemas.

A Figura 2.19 apresenta o Diagrama de Pareto aplicado à aferição da qualidade de um relatório técnico, onde 20% das causas (gramática, linguagem informal e coesão e coerência) representam 80% dos problemas a serem mitigados neste produto.

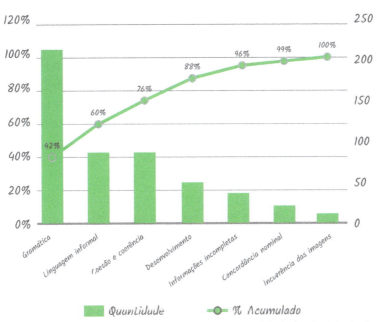

Figura 2.19. Diagrama de Pareto aplicado à aferição da qualidade de relatório técnico.
Fonte: elaborado por Jamile Marques.

A lista de verificação ou *checklist* é outra ferramenta que auxilia no monitoramento e controle da qualidade e, por ter aplicação mais simples, é uma das mais utilizadas. Esta é operada como um formulário padrão que auxilia na coleta de dados para identificação dos problemas e definição de possíveis soluções. Dessa forma, a aplicação da lista inclui as seguintes atividades:

1. Definir quais dados serão coletados, que dependerá exclusivamente do projeto em execução e dos problemas existentes.
2. Montar a lista com base nos dados.
3. Elaborar folha autoexplicativa para a coleta que servirá de guia para o recolhimento.
4. Engajar os participantes sobre a coleta.
5. Executar o pré-teste.
6. Fazer coleta de dados.

Com base nos dados coletados e na identificação dos problemas, é possível, então, realizar a tomada de decisão por parte do gestor. Os dados coletados na lista de verificação podem alimentar o gráfico de Pareto e, assim, tornar a análise da qualidade sintética e visual, viabilizando uma ferramenta de priorização.

Durante o processo de monitoramento e controle do projeto, é boa prática também utilizar planos de ação para registrar a ocorrência de desvios e elaborar as soluções de contorno. Nessa etapa, é comum a utilização do método 5W2H para gerar planos de ação objetivos e consistentes, com foco na resolução do problema e na aplicação dos ciclos de PDCA, que são intrínsecos da utilização da filosofia ágil. Aplicação dessa metodologia pode ser observada no estudo de caso apresentado no Capítulo 5. No método 5W2H, procura-se mapear as seguintes informações: quando (*when*), onde (*where*), o quê (*what*), por que (*why*), quem (*who*), quanto (*how much*) e como (*how*).

Gerenciamento dos custos

Todas as organizações possuem metas a serem cumpridas a curto, médio e longo prazo. É recomendável que essas metas tenham relação com a missão, visão e valores das empresas. Além disso, a execução de quaisquer projetos também deve estar alinhada com as diretrizes estratégicas das corporações.

Existe uma necessidade comum a qualquer organização privada: a maximização dos lucros. Portanto, esta se caracteriza como diretriz básica de qualquer companhia, independentemente de seu porte. Para isso, as empresas precisam avaliar se os projetos em desenvolvimento estão alinhados com as metas estabelecidas e se são viáveis economicamente.

Essa análise é denominada viabilidade econômico-financeira e consiste na ferramenta mais eficaz para auxiliar a tomada de decisão da empresa com relação à execução de um projeto. Informações como tempo de retorno do investimento, taxa de retorno, fluxo de caixa trazido ao valor presente, valor presente líquido, valor do investimento, dentre outras variáveis, são imprescindíveis na avaliação para auxiliar na tomada de decisão.

Cabe destacar que tais indicadores devem ser analisados de forma integrada para propiciar a melhor tomada de decisão do ponto de vista econômico-financeiro. Além do aspecto econômico-financeiro, devem ser considerados ainda elementos contextuais e o alinhamento com o planejamento estratégico da empresa. Apesar de um projeto não possuir indicadores muito atraentes, a empresa pode optar por realizá-lo visando aumentar sua participação no mercado.

Após realização dessa etapa de tomada de decisão, em que é de fato definido andamento ou não ao projeto, o gerenciamento de custos propriamente dito se inicia com a elaboração do plano de gerenciamento de custos e a realização das estimativas para o projeto, considerando o orçamento preliminar apresentado no TAP. Concluída a estimativa, é composto o orçamento detalhado do projeto. Uma das ferramentas mais utilizadas nessa etapa é a Curva S, que compõe a *baseline* de custos. Essa ferramenta é muito usada por permitir uma análise entre planejado e realizado, que determina o desempenho do projeto.

Na etapa de monitoramento e controle de custos, além do acompanhamento propriamente dito do orçamento planejado *versus* executado, de forma a verificar a performance de custo do projeto, geralmente é aplicado o índice denominado *Cost Performance Index* (CPI). Mais detalhes da execução de atividades relacionadas a monitoramento e controle de custos, bem como da aplicação do CPI, podem ser observadas no estudo de caso apresentado no Capítulo 4.

Cabe destacar que a aplicação desses processos é adequada quando o gerenciamento é realizado de forma preditiva ou híbrida, em que muitas vezes os projetos possuem orçamentos definidos e fechados. Para projetos gerenciados com *frameworks* ágeis, o estabelecimento de custos é complexo, em virtude das mudanças e iterações que estão presentes e são bem-vindas nessa tipologia de gestão.

Gerenciamento das aquisições

As aquisições no gerenciamento de projetos representam, basicamente, a compra de produtos ou serviços de empresas externas, uma vez que o trabalho requerido não poderá ser realizado por membros da equipe envolvida no projeto, por falta de expertise, habilidade ou até mesmo por questões estratégicas de execução ou gestão. Essa definição é realizada a partir da análise *make or buy* da WBS (ou EAP) do projeto, onde são selecionados para gerenciamento de aquisições todos os pacotes de trabalho que serão executados por fornecedores.

Dessa forma, a etapa de planejamento consiste na estruturação das ferramentas necessárias para que a aquisição seja realizada de maneira adequada para os objetivos do projeto. Para isso, são executadas as seguintes atividades: elaboração do mapa de aquisições, declaração de trabalho, definição dos critérios para avaliação do processo de concorrência, emissão dos documentos de aquisição (RFQ, RFP ou RFI), elaboração do contrato, dentre outras.

Após o planejamento, iniciam-se em paralelo as etapas de execução, controle e monitoramento com a contratação das empresas propriamente ditas, acompanhamento do desempenho e das atividades a partir da emissão de relatórios, definição de melhorias necessárias bem como aprovação do que está sendo executado pelos boletins de medição.

Gerenciamento das comunicações

O gerenciamento das comunicações é de extrema importância em projetos e permite que todos os envolvidos estejam alinhados ao objetivo do projeto. Uma grande mudança de paradigma foi observada ao longo dos anos, tornando a maioria das informações relacionadas ao projeto cada vez mais pública a todos os membros da equipe. Acredita-se que esse tipo de gestão, característica de projetos adaptativos, estimula o engajamento da equipe, uma vez que todos se sentem de fato pertencentes ao projeto e dominando todos os seus aspectos de forma holística.

Duas ferramentas extremamente relevantes e típicas de projetos socioambientais no âmbito do processo 10.2 Gerenciar as Comunicações são o sistema de informações de gerenciamento de projetos e os relatórios de projetos (*PMBOK® Guide*, 6ª edição), itens que, se mal geridos, podem causar a demissão de muitos gestores e técnicos.

(Jamile Marques)

Em uma das minhas experiências profissionais pude constatar esta situação na prática. Tratava-se de um projeto de atendimento às condicionantes do licenciamento ambiental no âmbito federal, ou seja, ligado ao IBAMA, de uma empresa multinacional no ramo de petróleo e gás. Na ocasião, eu integrava o projeto como técnica na função de Educadora Ambiental. Observei grande insatisfação por parte do cliente pela demora na entrega dos relatórios e devido à baixa qualidade do produto. Com o passar do tempo, a insatisfação do cliente aumentou, pois os problemas não eram solucionados pelo Coordenador do projeto. A situação culminou com a solicitação do cliente pela substituição do Coordenador, seis meses após o início do projeto, e eu fui convidada para a substituição.

Assim que iniciei a nova função, realizei a sistematização de informações de gerenciamento do projeto por meio, principalmente, da utilização de códigos para cada produto entregue ao cliente, pois percebi que o principal motivo da falta de qualidade dos relatórios entregues devia-se ao envio de versões preliminares ao cliente, por falta de uma comunicação clara entre o Coordenador e a equipe técnica.

Outra ação imediata que implementei foi a definição de Pontos Focais por plataformas. Assim, havia uma especificação clara das responsabilidades de cada membro da equipe sobre o escopo total do projeto, bem como a transparente designação da responsabilidade sobre a sistematização das informações de cada relatório técnico. Com isso, estimulei o maior domínio da equipe técnica com relação a sua unidade de foco e, consequentemente, a produção de relatórios de maior qualidade, garantindo a satisfação do cliente e da equipe.

Outro desafio vivenciado por mim na coordenação deste projeto foi sua característica integralmente remota. Além disso, havia embarques e folgas que tornavam o gerenciamento das comunicações mais desafiador. As soluções encontradas para mitigar este cenário adverso foi tornar a comunicação mais clara possível por meio do desenvolvimento de processos e protocolos de trabalho, bem como realizar reuniões sistemáticas de sincronização do trabalho com todos os membros da equipe.

Gerenciamento dos recursos

O gerenciamento dos recursos é um tema de importância relevante para o alcance do sucesso na execução do projeto, e, apesar de incluir equipamentos e materiais, o maior desafio sem dúvidas está na gestão da equipe envolvida, em virtude das diferentes crenças, culturas, costumes e outros fatores fundamentais que envolvem os seres humanos. A comunicação é uma das principais ferramentas que precisam ser colocadas em prática na gestão, e uma das técnicas utilizadas para que essa comunicação seja clara e eficiente é por meio da aplicação da Matriz de Responsabilidades ou Matriz RACI (*Responsible, Accountable, Consulted e Informed*).

A Matriz RACI é utilizada para definição das responsabilidades de cada profissional envolvido no projeto. Os membros da equipe possuem funções claras e atribuídas conforme a sigla que recebem em cada atividade estabelecida no desenvolvimento do projeto. O uso dessa ferramenta, além de facilitar a comunicação com os membros do projeto, auxilia no gerenciamento propriamente dito, evidenciando superalocação de recursos e identificando as pessoas certas que o gerente deve acionar, assegurando o bom andamento e garantindo o sucesso do projeto. No entanto, cabe destacar que a aplicação dessa ferramenta é mais comum em modelos preditivos de gestão, uma vez que para métodos ágeis é comum que os profissionais não apresentem atividades bem definidas, sendo o trabalho desenvolvido de forma colaborativa. No Capítulo 8 será apresentada a Matriz RACI do Projeto Bom Uso da Água.

Com relação à interface comunicação e gestão de pessoas, uma das técnicas de relevante importância e que, principalmente nos últimos anos, ganhou bastante força com a implementação dos modelos ágeis de gestão é o *feedback*. O *feedback* é uma forma de avaliação que o gestor utiliza para fornecer e/ou receber sugestões de melhoria de determinada atividade executada ou da atuação do profissional de forma geral, bem como para reconhecer boas performances ou atitudes que o colaborador apresentou.

A utilização dessa ferramenta auxilia no desenvolvimento pessoal e profissional do colaborador em busca da otimização de resultados e melhoria contínua; no entanto, para isso, precisa ser efetivo e realizado no momento adequado. Assim, o primeiro ponto para tornar o *feedback* de fato efetivo para ambos os envolvidos é que este seja tratado como uma via de mão dupla, em que os dois precisam estar dispostos a ouvir. Além disso, é importante que, sempre que o *feedback* for negativo, este seja feito de forma reservada apenas entre o gestor e o colaborador. Dessa forma, o gestor deve sempre iniciar ressaltando os pontos positivos do profissional e em seguida pontuar o que é necessário melhorar, deixando claro o que era esperado do colaborador e este não cumpriu, dando exemplos de situações e atitudes que não foram adequadas e como pode ser uma melhoria para próximos casos semelhantes. O gestor também sempre deve perguntar o motivo do profissional para ter aquela atitude ou ter ido por determinado caminho, de forma a entender se o ocorrido não teria relação com algum comportamento do gestor. Por fim, é importante indicar que tem confiança e acredita no potencial, informando um prazo para uma próxima conversa de avaliação. É importante que, em eventos específicos, o *feedback* não ocorra muito tempo depois da situação, para que esta não seja esquecida.

A partir disso, fica claro para o profissional o que se espera da sua atuação na empresa ou corporação, de forma a promover um alinhamento entre expectativa e realidade. Para o gestor, fica claro o que o colaborador espera de apoio para execução de suas atividades no melhor caminho.

Gerenciamento da integração

Esta área de conhecimento possui o importante papel de realizar o cruzamento de informação entre as demais nove áreas de conhecimento, buscando verificar se existe coerência e consistência no planejamento e na execução do projeto.

Para auxiliar no cruzamento das informações, é importante que o gerente de projetos utilize os planos desenvolvidos para as demais áreas de conhecimento. Ao confrontar os planos, o gerente de projetos deve tomar ações que visem a correção de alguma inconsistência. A contratação de um profissional altamente especializado e, portanto, custoso, por exemplo, deve ser refletida no plano de gerenciamento dos custos. Do contrário, o gerente terá problemas durante a execução do projeto.

Novas perspectivas para o gerenciamento de projetos: inovações do *PMBOK® Guide* 7ª edição

A sétima edição do *PMBOK® Guide* foi publicada em agosto de 2021, apresentando transformações significativas. Até a sexta edição, o PMI estruturou o *PMBOK® Guide* em 49 processos de gerenciamento de projetos, descrevendo suas entradas, ferramentas/técnicas e saídas, os quais são observados mundialmente como referência em boas práticas em gestão de projetos. No entanto, a sétima edição não está mais estruturada por processos e passou a adotar uma abordagem orientada a princípios e resultados, com o intuito de acomodar outras abordagens de gestão de projetos além da preditiva, como a adaptativa e a híbrida.

No *PMBOK® Guide* 7ª edição, os cinco grupos de processos (iniciação, planejamento, execução, monitoramento e controle e encerramento) foram substituídos por oito domínios de performance, a saber: *Team, Stakeholder, Life Cycle, Planning, Navigating Uncertainty & Ambiguity, Delivery, Performance* e *Project Work*. Os domínios são um guia para a equipe e para o gestor de como deve ser operado o projeto para agregar valor e garantir uma boa entrega.

As dez áreas de conhecimento descritas no *PMBOK® Guide* 6ª edição também deixaram de existir e passaram a vigorar 12 princípios de entrega, a saber: *Stewardship, Team, Stakeholders, Value, Holistic Thinking, Leadership, Tailoring, Quality, Complexity, Opportunities & Threats, Adaptability & Resilience* e *Change Management*. Os princípios de entrega justificam o valor que será gerado pelo projeto. Apesar das mudanças significativas no *PMBOK® Guide* 7ª edição, o *PMBOK® Guide* 6ª edição continua relevante e sendo extremamente valioso para o gerenciamento de projetos.

Referências bibliográficas

BROWN, T. **Design Thinking:** uma metodologia poderosa para decretar o fim das velhas ideias. Rio de Janeiro: Alta Books, 2018. 272p.

FINOCCHIO JÚNIOR, J. **Project Model Canvas:** gerenciamento de projetos sem burocracia. São Paulo: Campus, 2013.

KAMANN, D. Organizational design in public procurement: a stakeholders approach. **Journal of Purchasing & Supply Management**, vol. 13, n. 1, 2007, p. 127-136.

KEELING, R.; BRANCO, R. H. F. **Gestão de Projetos:** uma abordagem global. 3.ed. São Paulo: Saraiva, 2014. 304p.

MITCHELL, R. K.; AGLE, B. R.; WOOD, D. J. Toward a theory of stakeholder identification and salience: defining the principle of the who and what really counts. **Academy of Management Review**, vol. 22, n. 4, 1997, p. 853-886.

PROJECT MANAGEMENT INSTITUTE. **A Guide to the Project Management Body of Knowledge:** PMBOK® Guide. 6th. ed. Newtown Square, PA: PMI, 2017.

PROJECT MANAGEMENT INSTITUTE. **What's New with PMI Standards & Publications**. Disponível em: <https://www.pmi.org/pmbok-guide-standards/about/current-projects>. Acesso em 13 out. 2021.

BLOCO 2.
PLANEJAMENTO ESTRATÉGICO NA PRÁTICA

3. Utilizando OKRs para o planejamento estratégico de uma consultoria socioambiental: como sobreviver em um mundo BANI

Jamile de Almeida Marques da Silva

O que são OKRs?

A sigla OKR representa uma abreviação dos termos em inglês *Objective and Key Results* – em português, significa objetivos e resultados-chave (DOERR, 2019).

Trata-se de uma metodologia aplicada na realização do planejamento estratégico de organizações. Ao longo da história, vários especialistas propuseram diferentes formas de realizar o planejamento estratégico das organizações, porém nenhuma delas foi capaz de contemplar de forma tão orgânica e simples a participação de todos os níveis funcionais das empresas. Independentemente do porte da organização, existem inúmeros benefícios em realizar o planejamento estratégico do empreendimento, pois este exercício auxilia sobremaneira no alcance dos objetivos organizacionais.

O esforço de medir sistematicamente a produção e buscar como obter mais dela remonta de Henry Ford, empreendedor estadunidense de grande sucesso que viveu entre 1863 e 1947 e fundou a Ford Motor Company. Mais recentemente, Peter Drucker propôs o modelo conhecido como *Management By Objective* (MBO), ou, em português, Administração por Objetivo (APO). Este modelo foi amplamente implementado por inúmeras empresas inovadoras na década de 1960, sendo a mais relevante delas a Hewlett-Packard. Essas empresas apresentaram ganhos de produtividade de 56%, comparado com 6% de ganho de produtividade quando o comprometimento dos colaboradores era baixo (DOERR, 2019), e isso se deve ao foco claro em relação à execução do trabalho.

O princípio da administração por objetivos e autocontrole foi proposto por Drucker em seu livro *A Prática da Administração de Empresas*, em 1954, e é composto pelos seguintes passos (DRUCKER, 2002):

- Revisão e definição dos objetivos.
- Definição dos objetivos dos colaboradores.
- Monitoramento do progresso.
- Avalição da performance.
- Recompensa dos colaboradores.

Apesar de ter auxiliado de forma significativa ganhos de produtividade em diversas empresas, o APO possui características que estimularam o seu desuso ao longo dos anos. Assim como em outros modelos de planejamento estratégico, como *Balanced Scorecard* (KAPLAN; NORTON, 1997), criado pelos professores da Harvard Business School, e Gerenciamento pelas Diretrizes (GPD) (FALCONI, 2013), do brasileiro Vicente Falconi, no APO as metas são definidas de forma centralizada e hierárquica. Por essa característica, a definição das metas torna-se altamente burocratizada e lenta. Outra característica tipicamente negativa dessas metodologias é a baixa frequência de atualização das metas. Por esse motivo, muitas se tornam inadequadas, limitadas e até mesmo esquecidas ao longo do tempo. Outro ponto negativo dessas metodologias é a redução das metas em meros indicadores-chave de desempenho ou *Key Performance Indicators* (KPI), os quais, muitas vezes, correspondem a números frios e vazios de propósito. O maior prejuízo que o APO revelou ao longo de sua aplicação foi sua indução ao comodismo dos colaboradores, pois normalmente era estabelecido o vínculo do cumprimento a salários e bônus. Nesse cenário, inovação e risco poderiam significar penalizações ao colaborador, considerando a maior probabilidade de falhas nessa condição.

Na década de 1990, o sistema caiu em desuso, pois, em um mundo cada vez mais competitivo, inovar e tomar riscos era uma questão de sobrevivência. Diante desse cenário, e buscando formas eficientes e eficazes de gestão, Andry Grove estudou o método APO de Drucker e se dedicou a pensar sobre formas de definir e mensurar o resultado dos trabalhadores do conhecimento e as maneiras de promover um aumento de performance. Para Grove, era simples diferenciar resultado de atividade em uma linha de montagem industrial, porém isso não era tão simples quando se analisavam profissionais contratados para pensar. Era necessário realizar a diferenciação entre resultado e atividade nas profissões *soft*, pois Grove acreditava que direcionar o foco para os resultados era fundamental para o aumento da produtividade.

Grove foi um gerente descrito como científico por John Doerr, que se dedicou a estudar ciência comportamental e psicologia cognitiva, visando identificar o melhor estilo de liderança, capaz de fazer as pessoas trabalharem da forma mais agradável possível. Na década de 1970, Grove aplicava seu sistema de definição de metas na

Intel, denominado Administração por Objetivos da Intel (APOI). Apesar de ser baseado no APO de Drucker, o APOI era diferente em quase todos os aspectos. O principal deles é que Grove, invariavelmente, citava objetivos vinculados a resultados-chave. Naquela ocasião, todos os colaboradores do conhecimento da Intel possuíam objetivos individuais mensais e seus respectivos resultados-chave.

Diante disso, o termo OKRs foi cunhado por John Doerr, reunindo as palavras de seu mestre na Intel Andy Grove. Doerr identificou aspectos primordiais que diferenciam o sistema APOI de Grove do APO de Drucker (Figura 3.1), gerando a formulação dos OKRs de forma simples, que deve seguir o roteiro a seguir:

> Eu vou [objetivo] medido por [resultados-chave]

A partir dessa definição, verifica-se que objetivos devem ser inspiracionais, ao passo que os resultados-chave devem ser específicos e mensuráveis, visando refletir com clareza se existe movimento em direção ao alcance do objetivo.

Figura 3.1. Principais diferenças entre a APO de Drucker e a APOI de Grove.
Fonte: adaptado de Doerr, 2019.

O planejamento estratégico com OKRs é extremamente pertinente, especialmente considerando o mundo BANI, termo cunhado e apresentado em 2018 pelo futurista do *Institute for the Future* (IFTF), Jamis Cascio. Em um contexto frágil, ansioso, não linear e incompreensível, não faz sentido realizar planejamento estratégico de longo prazo, como realizado no século passado. Nesse contexto, o planejamento estratégico precisa retratar as mudanças constantes e imprevisíveis do mundo moderno. Agregar o planejamento estratégico com OKRs ao gerenciamento ágil ou híbrido de projetos e produtos é o caminho mais eficiente e eficaz para as organizações serem bem-sucedidas atualmente.

É importante destacar ainda que OKRs são diferentes de KPIs (*Key Performance Indicators*) e que ambos podem ser utilizados de forma concomitante nas organizações com propósitos distintos e complementares. Para ilustrar com um exemplo do dia a dia como os OKRs e KPIs podem ser utilizados de forma complementar, pense que está saindo do Rio de Janeiro rumo a São Paulo em uma viagem de carro. Para estabelecer o ponto de partida e de chegada, utilizará um aplicativo chamado Waze. Este aplicativo possui o compromisso apenas de lhe indicar o quanto está se aproximando de seu objetivo. Já para acompanhar como está a performance do carro, utilizará o painel do veículo, o qual não consta qualquer informação sobre o objetivo de chegada. Neste exemplo, os OKRs são equivalentes ao Waze. O que importa para eles é o quanto está se aproximando do objetivo estabelecido no início da viagem, São Paulo. A performance do veículo, ou seja, como está o consumo do óleo do motor, da gasolina, do líquido de arrefecimento, dentre outras informações, são os KPIs da viagem. Em última análise, o que realmente importa para você é chegar em São Paulo, ainda que o painel do veículo tenha tido uma pane e não esteja mais conseguindo acompanhar os KPIs da viagem.

Os quatro principais benefícios para implantação dos OKRs

Em 1999, Doerr ministrou uma palestra no Google sobre objetivos e resultados-chave, fruto de sua experiência gerencial na Intel. Com a percepção de que fazia total sentido, a empresa, ainda considerada pequena, passou a adotar os OKRs e cresceu dez vezes mais. Ao tomar conhecimento da trajetória do Google, outras organizações passaram a adotar os OKRs como sistema de gestão de metas e a experimentar ganhos de performance e de mercado.

Como qualquer outra iniciativa estrutural nas organizações, a implementação dos OKRs requer o apoio e patrocínio da alta liderança. Esta metodologia é recomendada para qualquer tamanho organizacional. Quando o Google iniciou a implantação dos OKRs havia 40 funcionários; hoje a empresa conta com mais de 60 mil colaboradores e continua utilizando a metodologia de Doerr. Os OKRs são recomendados, inclusive, para o estabelecimento pessoal de metas, podendo impulsionar mudanças na vida dos que aplicam essa metodologia. O livro *Avalie o que Importa*, publicado por John Doerr e traduzido para o português em 2019, aborda vários exemplos de aplicação dos OKRs e o sucesso obtido a partir de sua utilização. Em linhas gerais, as características do sistema de gestão batizado por Doerr estão resumidos na Figura 3.2.

Figura 3.2. Principais características dos OKRs.
Fonte: adaptado de Doerr, 2019.

Duas das principais características deste modelo que o diferencia dos demais estão vinculadas ao não cascateamento das metas e o período de planejamento mais curto se comparado aos outros modelos. Ou seja, as metas não são derivadas de forma hierarquizada a partir do nível gerencial mais alto das organizações e impostas aos colaboradores. Nesse modelo, o planejamento ocorre em ciclos anuais, trimestrais, mensais e semanais. Diferentemente das metodologias tradicionais de gestão de metas, os OKRs individuais são propostos pelos colaboradores de forma a se encaixar e compartilhar os OKRs da organização. É desse arranjo simples e extremamente eficaz que derivam os quatro principais fatores dos OKRs que, de acordo com Doerr, se traduzem em sucesso. São eles:

> **Foco:** todo sistema tende à desordem, e assim também são as organizações. Os OKRs são uma ferramenta valiosa para a comunicação precisa entre departamentos, equipes e colaboradores individuais. Ao ter clareza do que não importa, é possível eliminar a confusão e agir com compromisso e foco nas prioridades.

> **Alinhamento:** o alinhamento que os OKRs promovem tem relação com a transparência que é necessária para o sucesso do sistema. Cada colaborador desenvolve seus próprios OKRs visando contribuir com o alcance dos OKRs da organização, podendo inclusive ressignificá-los. Os OKRs de cada indivíduo também são relacionados aos OKRs de outros profissionais e departamentos. Os OKRs são bidirecionais, ou seja, seguem um fluxo da alta direção rumo aos colaboradores e vice-versa. Cada colaborador é ligado ao sucesso da organização por meio dos OKRs, o que traz um claro significado ao trabalho desempenhado. Na direção contrária, os OKRs elaborados pelos colaboradores trazem um senso de propriedade, estimulando o engajamento e a inovação.
> **Acompanhamento:** neste modelo, é realizado o acompanhamento das responsabilidades em reuniões denominadas de *check-ins* periódicos. Os dados coletados nesses encontros demonstrarão se existe movimento em direção aos objetivos. Sem julgamento e com senso de responsabilidade, avalia-se o desempenho dos resultados-chave. O mau desempenho sinaliza que se deve reajustar o modelo operacional numa tentativa de se chegar mais perto do objetivo.
> **Esforço:** a adoção dos OKRs como sistema de gestão de metas estimula a criatividade e a ambição, pois ter um objetivo inspiracional faz com que o time arrisque mais – e mesmo cometendo alguns erros no percurso, quando se acerta o resultado é muito melhor. O esforço pelo surpreendente normalmente se desdobra em ganhos de produtividade e mercado.

Implantando os OKRs em seis passos: comece agora e colha os resultados rapidamente

Como dito anteriormente, os OKRs constituem um método de gestão que deve ser desenvolvido em nível estratégico, tático e operacional. O nível estratégico define os OKRs anuais e trimestrais da instituição. Os níveis táticos e operacionais devem encaixar seus OKRs para suportar os OKRs da organização e, assim, favorecer o alcance de seus objetivos anuais e trimestrais. Os OKRs materializam ao máximo o aprendizado "menos é mais", dando extremo foco ao que realmente importa de acordo com cada ciclo da organização. Por ciclo, deve-se definir no máximo três objetivos e de três a cinco resultados-chave por objetivo (Figura 3.3).

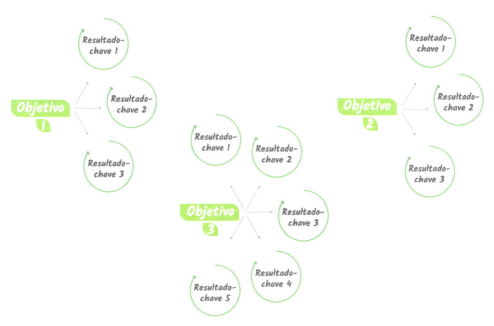

Figura 3.3. Exemplo de estruturação dos objetivos e resultados-chave por período.
Fonte: elaborado por Jamile Marques.

Quando Doerr começou seu trabalho na Intel na década de 1970, ficou surpreso ao visualizar as metas de todos os colaboradores expostas pelas paredes, inclusive do CEO da empresa. A partir dos OKRs a Intel conseguiu grande êxito vencendo a Motorola, que ameaçava lhe tomar o mercado de microprocessadores, em uma ação emblemática conhecida como Operação *Crush*.

Os OKRs atuam como um princípio organizador para empresas de diversos tamanhos e também para a sistematização de metas pessoais. Nas organizações, é comum a utilização da regra dos sete, que limita os gerentes ao máximo de sete subordinados diretos. O Google quebrou esta regra, aumentando o número de subordinados diretos para vinte em função da transparência e da organização inerentes aos OKRs. Na prática, isso significa organogramas mais planos, menos supervisão *top-down* e mais autonomia para a linha de frente. Esses fatores levam a empresa a ser altamente arrojada e competitiva, inovando com agilidade e eficácia.

A implantação dos OKRs é extremamente simples e não requer qualquer tipo de aparato sofisticado. O mais importante para o sucesso desse sistema de gestão de metas é o patrocínio da alta liderança. Com isso garantido, é inevitável o sucesso de sua implantação. Doerr recomenda a implantação dos OKRs em seis passos, conforme descrito na Figura 3.4.

Figura 3.4. Seis passos para implementação dos OKRs.
Fonte: adaptado de Doerr, 2019.

Um ciclo típico de implementação dos OKRs começa quatro a seis semanas antes do primeiro semestre do ano que está por vir. Nesse momento, as lideranças de nível sênior definem os OKRs inspiracionais de alto nível da organização para o ano seguinte, estabelecendo inicialmente os OKRs para o primeiro trimestre. Na sequência, cerca de duas semanas antes do início do trimestre do ano seguinte, os OKRs do nível estratégico são concluídos e divulgados para todos os membros da organização.

Com base nos OKRs estratégicos da empresa definidos pela alta gestão, as equipes desenvolvem seus próprios OKRs para o primeiro trimestre do ano subsequente, visando suportar o alcance dos OKRs estratégicos, e compartilham o resultado do processo com toda a organização através de reuniões e *check-ins*. Uma semana após o início do trimestre do ano seguinte, com base nos OKRs do primeiro trimestre das equipes, os colaboradores desenvolvem e compartilham seus próprios OKRs para o primeiro trimestre após o alinhamento com seus gestores. Para facilitar a visualização, ao final do capítulo consulte a linha do tempo para elaboração dos OKRs da empresa fictícia X adaptada de John Doerr.

Ao longo do trimestre, os colaboradores devem acompanhar seu progresso realizando *check-ins* frequentes com seus gestores, avaliando periodicamente a possibilidade de alcance pleno de seus OKRs. Ao final de cada trimestre, os colaboradores devem refletir sobre o alcance dos seus OKRs, atribuindo pontuações. Nesse momento, devem ser realizadas também autoavaliação e reflexão sobre o que foi possível cumprir. O Google pratica pontuação de 0 a 1 e disponibiliza sua planilha de acompanhamento de OKRs para o público em geral[3] gratuitamente. Zero significa que não houve progresso algum e 1 que o objetivo e o resultado-chave foram completamente alcançados.

Em geral, o Google utiliza uma escala de zero a um para a classificação objetiva dos OKRs. O sinal vermelho varia entre 0,0 a 0,3 e significa que não houve progresso. O sinal amarelo indica que houve progresso, porém aquém da conclusão e varia entre 0,4 e 0,6. O sinal verde representa que a entrega varia entre 0,7 e 1,0. A classificação dos OKRs é realizada em reuniões individuais e de equipe conjuntamente com a autoavaliação subjetiva e reflexão.

O planejamento do segundo trimestre do ano por vir deve iniciar em quatro a seis semanas antes de seu início. Ou seja, em meados de fevereiro. O ciclo deve se repetir nessa mesma cadência para os demais trimestres do ano.

Existem alguns softwares gratuitos para o gerenciamento de OKRs, como o iOKR, e outros pagos, como o CoBlue e Weekdone.

OKR na prática: planejamento estratégico ágil na empresa X

A empresa fictícia X é uma companhia dedicada ao gerenciamento de projetos para a sustentabilidade. Respeitando o ciclo de planejamento dos OKRs descritos anteriormente, em meados de novembro de 2020 iniciou-se o *brainstorming* dos OKRs anuais e do primeiro trimestre de 2021. Considerando a pandemia da COVID-19, o processo foi realizado virtualmente através de videoconferências, utilizando o software iOKR.

Os OKRs foram definidos levando em consideração o desempenho da empresa no último ano e sua capacidade produtiva, considerando sua organização e novos investimentos. Como mencionado anteriormente, a definição de metas através dos OKRs é realizada, inicialmente, a partir do planejamento do ano, ou seja, das metas estratégicas da empresa para o próximo ano (Figura 3.5).

---

[3] <https://docs.google.com/document/d/1iK7oQ7d96isVEzUfvQYLIUZ8WU4vkSGgtOM-J7nFd7k/edit>.

Figura 3.5. Objetivo e resultado-chave estratégico anual da empresa X para 2021.
Fonte: elaborado por Jamile Marques.

De posse dos OKRs estratégicos anuais e do primeiro trimestre, os diretores das áreas de recursos humanos, marketing digital, criação, comercial, administração e financeiro desenvolveram seus OKRs táticos anuais e para o primeiro trimestre de 2021. Por simplificação, serão apresentados apenas os OKRs táticos anuais de cada departamento na Figura 3.6. O processo de definição dos OKRs táticos para o primeiro trimestre de 2021 segue a mesma lógica, ou seja, os diretores devem se perguntar como podem contribuir para que empresa alcance os OKRs estratégicos do primeiro trimestre de 2021.

Figura 3.6. Desdobramento dos OKRs táticos anuais por departamento.
Fonte: elaborado por Jamile Marques.

A partir da definição dos OKRs, a empresa X irá realizar as reuniões de *check-in* para acompanhar sistematicamente o alcance dos resultados-chave. Próximo do fim do primeiro trimestre, serão desenvolvidos os OKRs estratégicos e táticos para o respectivo período. Cada colaborador da empresa X também deve desenvolver seus OKRs operacionais anuais e trimestrais para contribuir com o alcance dos OKRs estratégicos e táticos. Se for necessário, a empresa revisitará os OKRs e os reformulará, buscando o máximo de aderência às demandas do mercado e agilidade em responder a elas. Conforme recomenda John Doerr, a elaboração dos OKRs da empresa X segue a linha do tempo descrita na Figura 3.7. A partir de abril de 2021, a alta direção da empresa X bem como toda a organização continuará a cadência de planejamento trimestral até que todos os trimestres de 2021 tenham seus próprios OKRs.

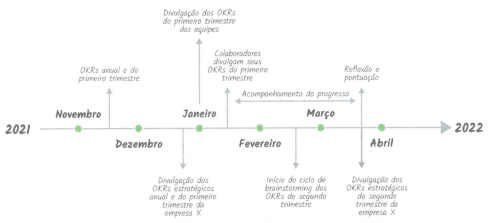

Figura 3.7. Linha do tempo de elaboração dos OKRs anuais e trimestrais da empresa X. Fonte: adaptado de Doerr, 2019.

Nesse contexto, verifica-se que os OKRs são uma ferramenta extremamente útil e adequada para o planejamento estratégico de empresas dedicadas ao gerenciamento de projetos para a sustentabilidade. Não houve dificuldade para a adoção do método na empresa X por esta ser uma empresa de DNA ágil, que desde sua origem adota métodos modernos de gerenciamento de projetos e produtos. No entanto, a adoção de OKRs como ferramenta para o planejamento estratégico ágil em empresas que utilizam o gerenciamento estratégico tradicional pode esbarrar em questões culturais. Neste caso, seja paciente e persistente. Os resultados são os maiores convencedores de que os OKRs são de fato poderosos, pois trata-se de um método que não exige investimentos financeiros para ser implementado, é de fácil entendimento e adoção prática, possibilitando direcionar as organizações para alcançar objetivos de fato relevantes para o desenvolvimento contínuo.

Após defini-los, é necessário verificar a coerência entre os OKRs estratégicos, táticos e operacionais estabelecidos por sua companhia. Para isso, utilize uma pergunta simples e valiosa: para que? Os OKRs operacionais devem ser estabelecidos para apoiar o alcance dos OKR táticos, e estes por sua vez, devem ser formulados de modo a permitir o alcance dos OKRs estratégicos da organização.

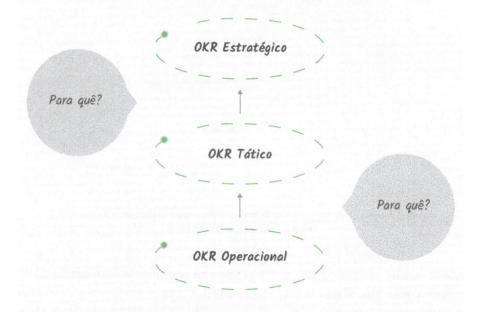

Algumas empresas utilizam os OKRs de forma um pouco diferente da preconizada por Doerr, principalmente no que se refere à alta liderança da empresa definindo OKRs trimestrais. Nessas empresas, a alta liderança define apenas o objetivo anual, e a camada tática da companhia define os OKRs trimestrais. Apesar da pequena diferença operacional, a essência do OKR se mantém como sendo uma ferramenta de comunicação e alinhamento. Diferentemente dos modelos tradicionais de definição de metas, os OKRs não devem ser utilizados para o estabelecimento de metas e avaliação de desempenho individual, pois isso gera concorrência entre os membros do time e desincentiva a colaboração.

Referências bibliográficas

DOERR, J. **Avalie o que Importa:** como o Google, Bono Vox e a Fundação Gates sacudiram o mundo com os OKRs. Rio de Janeiro: Alta Books, 2019. 320p.

DRUCKER, P. F. **A prática da administração de empresas.** São Paulo: Pioneira Thomson, 2002.

FALCONI, V. **Gerenciamento pelas Diretrizes**. 5. ed. Rio de Janeiro: Falconi, 2013. 270p.

KAPLAN, R. S.; NORTON, D. P. **A estratégia em ação:** balanced scorecard. 4.ed. Rio de Janeiro: Campus, 1997. 231p.

BLOCO 3.
EXECUÇÃO, MONITORAMENTO E CONTROLE E AVALIAÇÃO DE PROJETOS SOCIOAMBIENTAIS: CASOS PRÁTICOS

4. A utilização dos conceitos e ferramentas do gerenciamento de projetos para a execução de projetos socioambientais

Felipe Martins Cordeiro de Mello
Hebert Arruda Broedel
Patrick Valverde Medeiros

Introdução

A gestão ambiental aplica-se a uma grande gama de problemas e questões socioambientais, e pode ser dividida em três dimensões principais (BARBIERI, 2016): a dimensão temática, que se relaciona aos assuntos que se destinam às ações (emissões atmosféricas, águas residuárias, resíduos sólidos, fauna, flora, educação ambiental, dentre outras), a dimensão espacial, relativa à abrangência da ação (local, regional, global), e a dimensão institucional, representada pelos agentes da questão ambiental, os quais podem ser organizações governamentais e não governamentais, organizações da sociedade civil e empresas.

Apesar da crescente conscientização dos diversos setores da sociedade quanto às questões ambientais, historicamente a gestão dos recursos naturais não se inicia como uma preocupação intrínseca pela preservação dos bens naturais, mas pela necessidade de cumprimento de obrigações legais, bem como a percepção econômica da possibilidade do esgotamento do recurso e/ou sua degradação. Antes disso, com a urbanização, alguns problemas de ordem sanitária também se apresentaram pela disposição inadequada de resíduos sólidos e águas residuárias, principalmente nos centros populacionais, o que despertou nos entes da administração pública a preocupação pela gestão ambiental adequada.

Não é incomum verificar que a "gestão ambiental", em grande parte das organizações, tem se apresentado de forma reativa às exigências externas, tais como o controle dos órgãos ambientais e pressões da comunidade e/ou organizações não governamentais (ONGs), quando poderia ser feita de forma proativa buscando a garantia de melhor desempenho ambiental (ex.: redução de desperdícios), prevenção de riscos (ex.: acidentes ambientais, ações judiciais, notificações ambientais, etc.) e a apresentação de uma melhor imagem às diversas partes envolvidas nos processos de uma organização (clientes, financiadores, colaboradores, comunidade, órgãos ambientais e outros).

Como função primordial, a gestão ambiental envolve ações e controles que visam assegurar uma manutenção sadia das condições ambientais, ou mesmo uma melhoria na qualidade dos recursos. Portanto, em um cenário onde há uma crescente percepção de investidores e possíveis clientes sobre a importância de uma organização manter uma relação saudável com a sociedade e com meio ambiente, os benefícios de se ter uma gestão ambiental bem estabelecida fornece a perspectiva de ganhos para a imagem institucional.

De forma sintética, a finalidade de uma gestão é exercer ações e medidas planejadas com controles estabelecidos, de maneira a equacionar fatores favoráveis e adversos, em uma gestão administrativa ou empresarial. Dessa forma, o foco é a busca por um retorno positivo do investimento realizado, mitigando os fatores desfavoráveis e potencializando os benéficos, sempre com o objetivo de agregar valor para a organização.

Assim, valendo-se da mesma lógica, o conceito de gestão ambiental passa por uma atuação preventiva de planejamento, organização, execução estratégica e controle, visando equacionar proativamente os ditos "problemas" ambientais provocados pela atuação humana sobre o meio ambiente, bem como eliminar, mitigar e compensar impactos ambientais negativos, ou mesmo potencializar impactos ambientais positivos (CALIJURI; CUNHA, 2013), e atender aos requisitos legais ambientais.

Por definição, o gerenciamento de projetos visa atender aos requisitos estabelecidos por meio de conhecimentos, habilidades, ferramentas e técnicas aplicadas às atividades do projeto (PROJECT MANAGEMENT INSTITUTE, 2017). Assim, a disciplina de gerenciamento de projetos encontra a gestão ambiental como uma forma de fornecer ferramentas de boas práticas e gestão para a melhoria do desempenho e elevação da performance de indicadores.

Nesse contexto, para uma melhor ilustração da aplicação das ferramentas de gerenciamento de projetos na gestão ambiental, será utilizado como referência um caso real de um empreendimento de grande porte, com área de influência abrangendo ambientes continentais e marinhos. Destaca-se que a execução do projeto ocorreu durante a etapa de preparação para início da fase de instalação (obras), e este será chamado de "Empreendimento" ao longo do capítulo.

Etapa de planejamento

Para a aplicação das ferramentas de gerenciamento de projetos no âmbito da gestão ambiental, é necessário previamente conhecer um conjunto de informações que incluem desde a definição concreta da demanda da organização para a gestão ambiental até o tipo de ambiente em que os projetos operam ou operarão. Nesse contexto, tanto a identificação dos fatores ambientais da empresa (FAEs) como seus ativos de processos organizacionais (APOs) são importantes para o planejamento e a estruturação do gerenciamento (PROJECT MANAGEMENT INSTITUTE, 2017).

Considerando o estudo de caso em questão, são detalhados a seguir os FAEs, APOs e a demanda de gestão ambiental da organização, descrevendo-se como foi efetuado o planejamento do projeto diante desses fatores.

Identificação dos FAEs do Empreendimento

No momento de início das atividades deste projeto, o Empreendimento já possuía sua Licença de Instalação (LI) emitida pelo órgão ambiental competente, bem como uma intenção firme e imediata de iniciar as obras de construção. Em virtude disso, buscou por uma gestão profissional de suas demandas socioambientais, uma vez que esta era a principal questão dependente para viabilizar o andamento do projeto.

Após uma avaliação do Empreendimento, os seguintes FAEs foram considerados significativos para se estabelecer o processo de gestão socioambiental:

FAEs internos

Cultura, estrutura e governança organizacionais

O Empreendimento apresentava elementos indicativos de uma cultura e governança organizacional como missão, visão, valores, estratégia de negócio e código de conduta; no entanto, esses elementos não estavam formalizados e difundidos por toda a organização. O Empreendimento ainda não possuía uma estrutura organizacional clara e sistematizada com mapeamento dos setores, responsáveis e atribuições/responsabilidades, não apresentando, portanto, estilos bem definidos de liderança e hierarquia. Esse contexto dificultava o fluxo de tomada de decisões e execução interna de tarefas necessárias ao gerenciamento.

Disponibilidade de recursos

Associado à estrutura organizacional precária, muitos recursos eram compartilhados entre os setores do empreendimento e ainda assumiam funções às quais não foram originalmente previstas, não sendo, portanto, responsáveis e não possuindo a devida capacitação para desempenho satisfatório. A necessidade de busca por determinadas habilidades, bem como a dificuldade de priorização das demandas de setores cujos recursos eram compartilhados são fatores que também dificultavam o gerenciamento, principalmente quanto à gestão dos prazos.

FAEs externos

Condições de mercado

O Empreendimento apresenta uma característica de condomínio, fornecendo uma estrutura base, de forma a permitir a entrada e operação de uma gama diversa de tipologias de atividades. Essa característica submete o projeto às condições de mercado para o efetivo início das obras, uma vez que precisava-se obter, minimamente, um volume de parceiros operacionais com contrato firmado para garantir a viabilidade econômica do negócio. Essa situação gerava incertezas quanto ao início efetivo das demandas socioambientais, as quais estavam ligadas tanto às obras quanto à operação do Empreendimento.

Restrições legais

Juntamente com as condições de mercado, existiam requisitos legais/normativos associados ao licenciamento ambiental, determinados especificamente ao Empreendimento, que condicionavam a execução de diversas ações prévias ao início das obras e por determinado período, abrangendo, em alguns casos, o prazo de 1 ano de antecedência às primeiras intervenções e muitas vezes vinculados à sazonalidade (estações do ano ou períodos de clima seco e chuvoso). Esse cenário demandou um cuidado especial com a gestão dos prazos, pois a perda de um período sazonal (estação do ano) que deveria ser monitorado poderia implicar em atrasos significativos do cronograma de até nove meses.

Identificação dos APOs do Empreendimento

Com exceção das políticas do Empreendimento (missão, visão, valores e estratégia) e o código de conduta, que, por sua vez, também não estavam difundidas, não existiam outros processos organizacionais que pudessem auxiliar e/ou influenciar formalmente a gestão ambiental, somente alguns acordos informais de processos e aprovações necessárias.

Identificação da demanda socioambiental do Empreendimento

A identificação da demanda socioambiental do Empreendimento representou a atividade que demandou o maior esforço para o planejamento da gestão ambiental do projeto. Esse momento considerou o levantamento de todos os documentos e encaminhamentos formais do processo de licenciamento ambiental, em especial aqueles diretamente ligados às condicionantes ambientais da LI vigente.

Após esse levantamento, toda a documentação foi exaustivamente analisada, de forma a identificar todas as obrigações, compromissos e orientações (técnicas e administrativas) assumidas pelo Empreendimento, seja de forma ativa, por meio de uma proposição aceita pelo órgão ambiental competente, ou passiva, como determinação deste órgão.

Estruturação do planejamento

Organização dos projetos socioambientais

No âmbito do portfólio de projetos a serem gerenciados do Empreendimento, poderiam ser considerados três grandes grupos ou programas (gestão de portfólio/programas): um ligado ao setor de engenharia e responsável pelo desenvolvimento técnico/operacional do projeto de engenharia relacionado aos requisitos de instalação das estruturas e aos de operação, outro relacionado ao setor comercial e responsável por garantir os contratos operacionais e viabilizar economicamente o Empreendimento, e o último ligado ao setor de meio ambiente e responsável por atender às condicionantes socioambientais do projeto licenciado e alvo deste capítulo.

Após o levantamento das demandas socioambientais do Empreendimento, foram identificados para a fase de instalação 21 projetos socioambientais que precisariam ser executados antes do início das obras, possuindo cada um suas respectivas especificidades. Diante da complexidade dos projetos socioambientais levantados e do volume de requisitos técnicos a serem cumpridos de escopo e de prazo, entendeu-se como melhor forma de organizá-los: tratando-os como projetos específicos agrupados em três grandes programas (do portfólio do setor de meio ambiente) de acordo com a temática, inter-relações e objetivos comuns. A Figura 4.1 apresenta a organização aplicada.

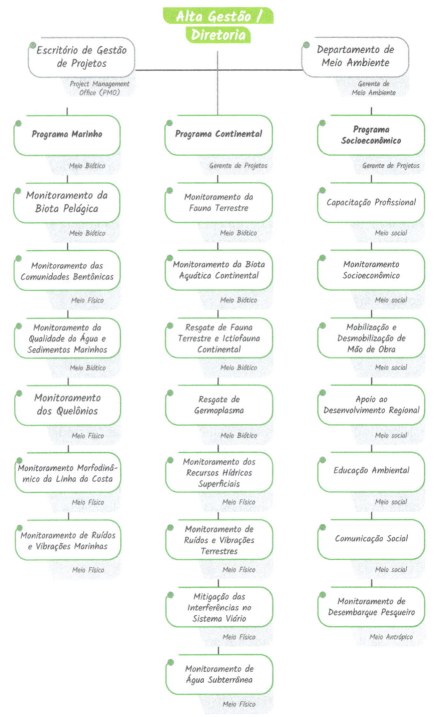

Figura 4.1. Organograma dos projetos e programas socioambientais.
Fonte: os autores.

Elaboração do projeto de gestão ambiental

A partir da identificação dos FAEs e APOs, e considerando a complexidade das demandas socioambientais do Empreendimento, entendeu-se como necessárias a elaboração e a execução de um procedimento adequado para orientar e acompanhar a realização e o atendimento dessas demandas, principalmente aquelas desenvolvidas por fornecedores, uma vez que quase a totalidade das ações envolvia a contratação de empresas especializadas, que também deveriam atender aos requisitos socioambientais aos quais o Empreendimento estava submetido (corresponsabilidade).

Nesse contexto, foi elaborado, então, um procedimento operacional do setor de Meio Ambiente do Empreendimento, denominado de **Programa de Gestão Ambiental (PGA)**. O PGA foi estruturado como elemento gerenciador e integrador de todas as medidas de controle propostas nos estudos ambientais e demais compromissos assumidos com o órgão ambiental para a instalação e operação do Empreendimento, apresentando a metodologia para acompanhamento, fiscalização e gerenciamento, de forma a apoiar a gestão ambiental nas tomadas de decisões.

Esse procedimento teve como objetivo principal prover o Empreendimento com elementos de gestão que permitiriam gerenciar e avaliar as ações e medidas propostas, de forma a alcançar as metas estabelecidas de desempenho socioambiental. Destaca-se que esse processo foi realizado atentando-se para o cumprimento dos requisitos legais aplicáveis, a minimização dos impactos de suas atividades e a gestão das empresas contratadas, visando, no geral, honrar o cumprimento dos compromissos de sustentabilidade ambiental assumidos junto aos órgãos intervenientes, envolvidos no processo de análise e acompanhamento da conformidade socioambiental do empreendimento.

Estruturação do escritório de projetos

Para a implantação e operacionalização do PGA, foi prevista a formação de um Escritório de Gerenciamento de Projetos Ambientais (em inglês, *Project Management Office* – PMO), o qual, então, acompanhou e apoiou a gestão ambiental do Empreendimento. O PMO se baseou no *PMBOK® Guide* (PROJECT MANAGEMENT INSTITUTE, 2017), aplicado de acordo com as especificidades e necessidades do Empreendimento, que, neste caso, teve como foco as áreas de conhecimento **escopo**, **tempo** e **custo**.

O início dos trabalhos e a abertura concreta do PMO foram priorizados para a área de meio ambiente, pois, segundo o julgamento da equipe do Empreendimento, naquele momento o departamento apresentava mais projetos prioritários do ponto de vista do planejamento, em função da crescente demanda por contratações, acompanhamento dos prazos e gestão das partes interessadas. Vale ressaltar que, no período de implantação do PGA e respectivo PMO, todos os departamentos do Empreendimento apresentavam o mesmo grau de avanço nas áreas do conhecimento da gestão de projetos, seja em temas relacionados a comunicação, riscos, custos ou cronograma.

O departamento de meio ambiente deveria contratar e executar 21 projetos socioambientais de monitoramento e levantamento, em sua maioria frutos de condicionantes da LI do Empreendimento, sendo necessário concluir essa demanda no prazo de 12 meses, antes do marco efetivo do início das obras. Cabe destacar que o levantamento de dados na fase pré-instalação (antes das obras) objetiva coletar informações para composição de *background* do ambiente, de forma a servir como linha de base para futuras comparações com os dados levantados pelo monitoramento contínuo do ambiente durante a fase de instalação e operação do empreendimento, e atender, assim, ao objetivo geral de todos os projetos.

A equipe técnica do PGA foi planejada visando incluir profissionais de gestão, na figura de gerentes de projetos (GPs), e o apoio técnico de analistas, de acordo com o esforço previsto ao longo do período de implantação do Empreendimento, não onerando, dessa forma, desnecessariamente seus custos. O organograma da equipe técnica alocada por fases encontra-se apresentado nas figuras 4.2 e 4.3 a seguir.

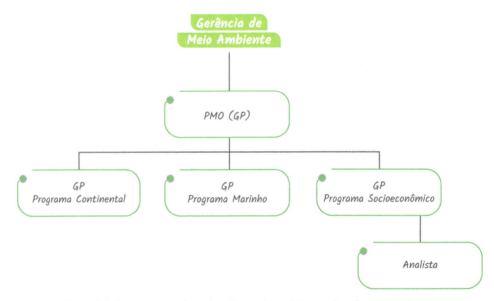

Figura 4.2. Organograma da equipe técnica do projeto para fase de pré-instalação.
Fonte: os autores.

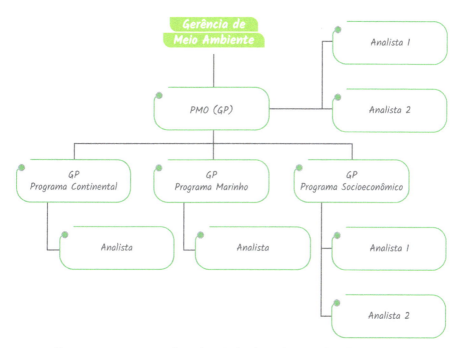

Figura 4.3. Organograma da equipe técnica do projeto para fase de instalação.
Fonte: os autores.

Principais ferramentas aplicadas ao planejamento

A definição e a aplicação das ferramentas de planejamento foram realizadas a partir da distribuição das três áreas de conhecimento foco desse projeto, a saber:

> **Planejamento do escopo:** os 21 projetos ambientais aprovados constituíram a elaboração da Estrutura Analítica dos Projetos (EAP) com a definição dos pacotes de trabalho e entregáveis, associada a um *checklist* de requisitos de cada projeto.
> **Planejamento do tempo:** a elaboração do cronograma detalhado de cada projeto no software MS-Project.
> **Planejamento de custos:** a elaboração de uma estimativa orçamentária dos programas ambientais, cotação de preços no mercado e negociação de melhores condições em função da estimativa prévia obtida, bem como a estruturação de uma planilha de gestão financeira para acompanhamento e atualização.

Em projetos de caráter preditivo, é importante que o gerente defina com clareza o escopo. A Estrutura Analítica do Projeto (EAP) é uma ferramenta que decompõe todos os entregáveis do projeto, sendo uma ferramenta sintética e poderosa para a comunicação entre os stakeholders. Apesar de simples, muitos profissionais da área ambiental desconhecem a EAP e, portanto, não a utilizam. Reflita sobre o projeto em que está envolvido ou que deseja iniciar e construa a EAP no espaço abaixo.

Gerenciamento do escopo e do cronograma: definição da estrutura analítica e elaboração do cronograma dos projetos socioambientais

Após a elaboração do PGA com a definição de metas, indicadores e funções estratégicas, para orientação da atuação dos GPs e PMO, o passo seguinte foi elaborar o planejamento de cada um dos projetos socioambientais. Essa etapa iniciou com a construção da Estrutura Analítica do Projeto (EAP ou, em inglês, *Work Breakdown Structure* – WBS) de cada um dos dois projetos socioambientais, apresentado o detalhamento dos níveis de gestão, dos pacotes de trabalho e dos entregáveis.

A EAP permite fazer uma decomposição hierárquica que organiza e define o escopo total do projeto, além de possibilitar a visualização mais clara do escopo do projeto, favorecendo o reconhecimento dos recursos técnicos, tecnológicos, humanos e financeiros necessários para cada atividade (PROJECT MANAGEMENT INSTITUTE, 2017).

Com a EAP montada, foi possível visualizar de forma clara a estrutura dos projetos socioambientais e elencar as tarefas, especificando ainda mais a escala de planejamento e efetuando o detalhamento das atividades necessárias para se chegar ao resultado final por meio dos entregáveis.

A partir disso, foi elaborado um cronograma físico dos projetos socioambientais utilizando as funcionalidades do software MS-Project, ação esta que permitiu elencar as tarefas, durações, datas de início e fim, além das atividades predecessoras e sucessoras (Figura 4.4). Após finalizada essa etapa, procedeu-se com o registro e salvamento da linha de base do projeto, que consiste no marco inicial para comparação durante o controle e monitoramento da execução.

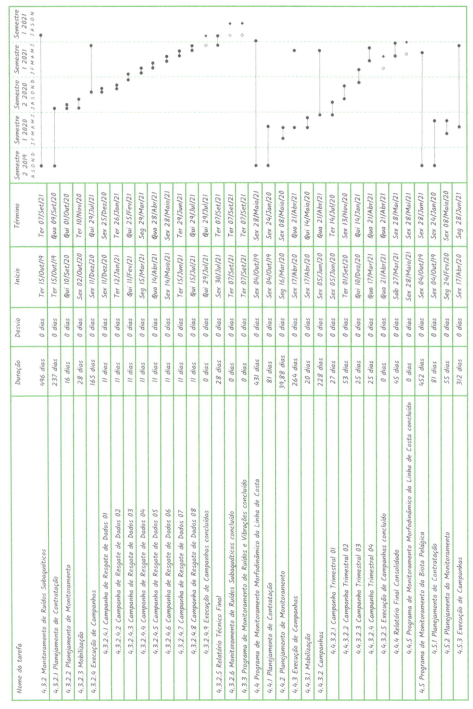

Figura 4.4. Cronograma detalhado dos programas socioambientais.
Fonte: os autores.

Após a elaboração do cronograma de todos os projetos, suas tarefas/atividades e entregáveis, procedeu-se com o registro e o salvamento da linha de base, que serviu de comparações futuras no monitoramento e acompanhamento dos prazos dos projetos.

Ressalta-se que o escopo, os requisitos, as metas e os indicadores de cada projeto socioambiental já haviam sido estabelecidos no momento da elaboração do plano executivo/metodológico, em virtude da necessidade de aprovação deste pelo órgão ambiental competente, previamente à execução. Nos processos de licenciamento ambiental, essa etapa geralmente é cumprida antes da obtenção da LI como condicionante da Licença Prévia (LP), ou seja, quando é solicitada pelo órgão licenciador o início da execução efetiva dos projetos socioambientais, estes já estão elaborados e aprovados.

Gerenciamento dos custos: elaboração do orçamento dos projetos socioambientais e acompanhamento das despesas

Com a EAP e os cronogramas elaborados, foi possível conhecer detalhadamente todas as atividades e tarefas necessárias para a consecução dos objetivos dos projetos, facilitando assim a sua orçamentação. Destaque-se que essa etapa foi essencial para o orçamento de cada projeto e, consequentemente, definição do valor total que o empreendimento teria que desembolsar, e como seriam os desembolsos para execução das demandas ambientais da fase de pré-instalação, garantindo, assim, o cumprimento das condições específicas de sua licença.

A orçamentação foi feita por estimativa considerando a experiência profissional dos responsáveis pela demanda (GPs e analistas), bem como por tomada de preço direta no mercado para trabalhos com grande especificidade. O orçamento dos projetos contemplou a distribuição dos valores de cada atividade no tempo, de forma escalonada e acumulativa, servindo de base para a elaboração da curva S de custo (Figura 4.5).

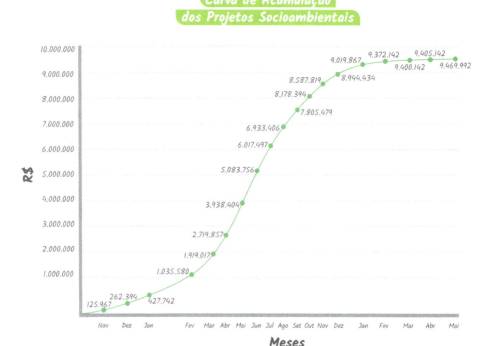

Figura 4.5. Curva S de acumulação dos 21 projetos socioambientais.
Fonte: os autores.

Após a realização da orçamentação de todas as tarefas, atividades e entregáveis do projeto, procedeu-se com o registro e o salvamento da linha de base de custos, que serviu para o monitoramento e acompanhamento do orçamento dos projetos. O montante significativo de recursos reforça a importância do gerenciamento profissional de projetos como ferramenta para a correta execução das condicionantes do licenciamento ambiental.

Etapa de execução

A etapa de execução inicia com grandes desafios.

O time de desenvolvimento (equipe técnica do projeto, gerentes de projetos e analistas ambientais) era pequeno para as muitas tarefas e atividades que precisavam ser implementadas. Além disso, o gerenciamento ágil aplicado às atividades diárias requeria disciplina e o desempenho de diferentes papéis na implementação do *Scrum* (*Project Owner*, *Scrum Master*, Time de Desenvolvimento). Com um time enxuto, muitas funções foram acumuladas pelos profissionais.

Por fim, o tempo contava regressivamente, pois o empreendimento apresentava prazos estabelecidos com seus clientes para início das obras e, consequentemente, para sua operação. Ou seja, a gestão de cronograma era uma das principais disciplinas, tão ou mais importante (pelo menos nessa etapa) que o controle de custos. Observando pela perspectiva do cronograma, o gerenciamento dos projetos tinha forte característica preditiva.

Com todos esses desafios, foi proposto um arranjo metodológico adaptado, capaz de auxiliar a gestão a cumprir suas metas e objetivos, mesclando o gerenciamento preditivo e adaptativo conforme necessário.

Base metodológica aplicada ao gerenciamento

A etapa de execução do projeto se iniciou com a decisão de implementação do modelo híbrido de gestão, de forma a promover um teste piloto da gestão de projetos socioambientais. Essa decisão foi baseada na necessidade de um planejamento detalhado e bem estruturado associado a uma execução que precisava ser multidisciplinar e dinâmica, com tomadas de decisões rápidas em função do grande volume de tarefas importantes e de curta duração. Após todo o planejamento ser realizado a partir da aplicação da metodologia tradicional ou preditiva, a equipe mergulhou no desafio de proceder com o teste de gerenciar a execução com a implementação de um *framework* ágil. O *framework* escolhido foi o *Scrum* (Figura 4.6). Cabe destacar que o *framework* foi adaptado para a realidade dos projetos socioambientais, empregando-se o que, de fato, iria auxiliar no gerenciamento.

O *framework Scrum* foi desenvolvido na década de 90, com o lançamento da primeira versão deste guia de boas práticas em 2010. A base da teoria foi proveniente do método *Lean Thinking*, juntamente com o conhecimento adquirido com a experiência e as tomadas de decisões, o que é denominado de empirismo. Nesse contexto, o *Scrum* se tornou uma abordagem com base na iteratividade, que permite uma previsibilidade de problemas e controle de riscos (SCHWABER; SUTHERLAND, 2020).

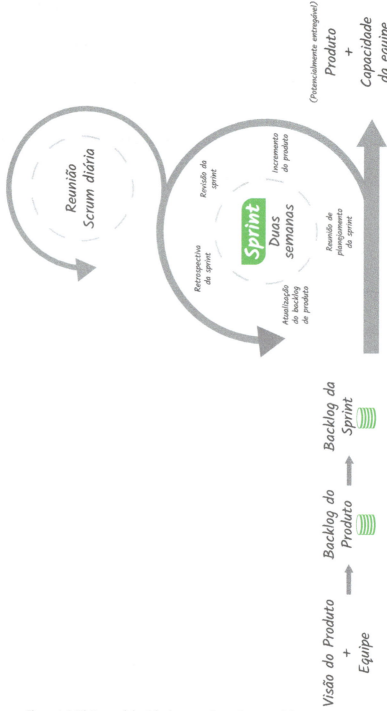

Figura 4.6. Visão geral do ciclo de execução no *framework Scrum*.
Fonte: adaptado de Schwaber e Sutherland, 2020.

Esse *framework* ágil foi escolhido em virtude de ser o que mais se adequou às características dos projetos e do Empreendimento. Nesse contexto, a partir da EAP do projeto, elaborada na etapa de planejamento, foi extraído o *backlog* do produto, que consiste na lista de itens que devem ser desenvolvidos e entregues para a composição final do produto. A partir dos papéis estabelecidos no *framework Scrum*, o *Product Owner* (PO) seria o profissional responsável por gerenciar os itens do *backlog* e suas priorizações; no entanto, considerando a realidade do projeto e a equipe disponível, o profissional responsável por essa função foi o PMO da área ambiental.

Os ciclos de execução dos itens do projeto conforme o *framework* aplicável são denominados *Sprints*, que consistem nos períodos definidos entre uma e quatro semanas para se executar um conjunto de itens do *backlog* selecionados, que compõem o *backlog* da *Sprint*. Para o caso específico deste projeto, a *Sprint* teve a duração de duas semanas, sendo que ao final desse período todos os itens previstos devem ser finalizados e entregues, agregando gradativamente valor ao projeto. Os itens a serem desenvolvidos são selecionados pelo chamado Time de Desenvolvimento, o qual foi composto por três gerentes de projetos que estavam à frente de cada programa estabelecido (apresentados na Figura 4.1).

Com relação às cerimônias definidas no *framework*, existem quatro tipos de reuniões preestabelecidas, a saber: *Planning Meeting*, *Daily Meeting*, *Review Meeting* e *Retrospective Meeting*. A especificidade de cada uma das reuniões é apresentada na Tabela 4.1 a seguir.

Tipo de Reunião	Descrição	Duração Sugerida	Frequência
Planning	Reunião para o planejamento do trabalho dos 15 dias da Sprint, a qual é realizada para seleção dos itens do Backlog do Projeto, tendo como saída, portanto, o Backlog da Sprint.	4 horas	1 vez a cada 15 dias (primeiro dia da Sprint)
Daily	Reunião de acompanhamento diário do time de desenvolvimento para avaliação do andamento do projeto e possíveis entraves.	15 minutos	Diariamente
Review	Reunião de análise dos itens entregues de forma a validar a execução e entrega dos itens selecionados, bem como identificar problemas.	2 horas	1 vez a cada 15 dias (último dia da Sprint)
Retrospective	Reunião de avaliação do trabalho realizado na Sprint, visando a identificação de pontos de melhoria.	2 horas	1 vez a cada 15 dias (último dia da Sprint)

Tabela 4.1. Descrição das cerimônias estabelecidas pelo Scrum considerando uma Sprint de duas semanas.

Nesse contexto, considerando as características do projeto e da equipe, ocorreram algumas adaptações metodológicas ao longo do tempo, como a exclusão da *Daily Meeting*, principalmente após a adoção do trabalho remoto em função da pandemia do COVID-19, bem como a unificação da *Review* e *Retrospective* em um único encontro com duração total de quatro horas ao final do período da *Sprint*.

Cabe ressaltar que o *framework* em pauta conta com um "personagem" que não foi citado até o momento, denominado *Scrum Master*. Esse profissional é responsável por garantir a aplicação dos processos estabelecidos no *Scrum* pela equipe, liderar a *Daily* e auxiliar os desenvolvedores na execução das tarefas a partir da solução de entraves e outras demandas externas, deixando-os livres para focar apenas na execução do projeto. Considerando a adaptação metodológica e a equipe reduzida no momento do projeto, com poucos profissionais já qualificados em metodologias e *frameworks* ágeis, essa figura foi executada também pelo PMO do projeto, o qual dividia essa função com a de PO.

Vale pontuar uma distinção adicional que ocorreu para o presente caso em relação ao modelo de gestão ágil. Em projetos socioambientais, especialmente em monitoramentos para verificação de impactos ambientais, o escopo já é conhecido e bem definido, característica do gerenciamento preditivo e não do adaptativo. Ou seja, escolhemos adotar um *framework* ágil no dia a dia da execução dos projetos (*Scrum*) para obtermos o benefício de rodarmos um ciclo PDCA em cada *Sprint* e não pelo fato de o escopo dos projetos ser de difícil previsão ou de possuir riscos de mudanças sistemáticas, características que normalmente são associadas à gestão por métodos ágeis.

Cada gerente de projetos foi responsável por um conjunto de projetos interrelacionados ou com objetivos comuns, que, em conjunto, deram origem aos programas já apresentados anteriormente.

Diante do contexto apresentado, é possível observar na Figura 4.7 o desenho esquemático do *framework* Scrum adaptado aos projetos socioambientais.

Considerando a ausência da *Daily* e para facilitar o acompanhamento do PMO, foi utilizado um *kanban*.

O *kanban* consiste em uma estrutura semelhante a um quadro propriamente dito, com os itens a serem desenvolvidos pelo projeto escrito em *post-its* subdivididos entre três ou mais colunas, a depender do modelo aplicado, de forma a estabelecer em qual etapa do processo um determinado item se encontra.

No gerenciamento dos projetos socioambientais descritos nesta obra, o *kanban* continha três colunas: *To Do* para os itens que estavam planejados, *Doing* para os itens em execução e *Done* para os itens concluídos na *Sprint*. Nesse contexto, na reunião de planejamento todos os *post-its* da *Sprint* eram inseridos na coluna *To Do*, e ao final do período de duas semanas todos deveriam avançar até a coluna *Done*.

Os itens não concluídos ao final da *Sprint* retornam ao *backlog* do projeto e serão repriorizados pelo PO. Durante a *Retrospective* é realizada uma análise processual sobre o motivo que inviabilizou a entrega dos referidos itens, de forma a proporcionar a melhoria contínua e evitar a recorrência desse cenário.

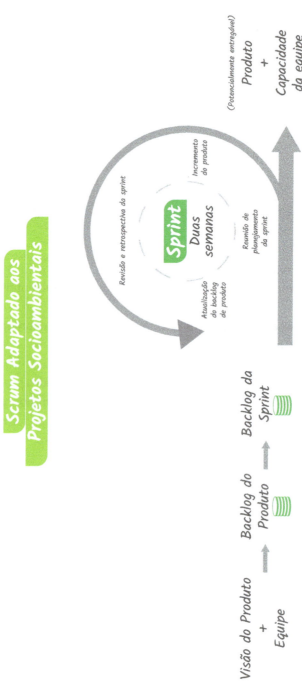

Figura 4.7. Visão geral do ciclo de execução no *framework Scrum* adaptado
à realidade dos projetos Socioambientais.
Fonte: os autores.

O *kanban* pode ser elaborado fisicamente utilizando *post-its* ou virtualmente, como feito nesse estudo de caso, que utilizou a ferramenta Trello, tornando o quadro disponível na internet, o que permitiu o trabalho simultâneo pelo time do projeto e o acompanhamento em tempo real pelo *Scrum Master*/PMO. Esse quadro era atualizado diariamente pelo time do projeto para sinalizar o avanço do trabalho e era insumo para as reuniões de revisão e retrospectiva ao final de cada *Sprint*. A partir da Figura 4.8 é possível observar o *kanban* construído para os projetos socioambientais em questão. A ferramenta foi especialmente útil em função do trabalho remoto desenvolvido pelo time *Scrum* (Figura 4.8).

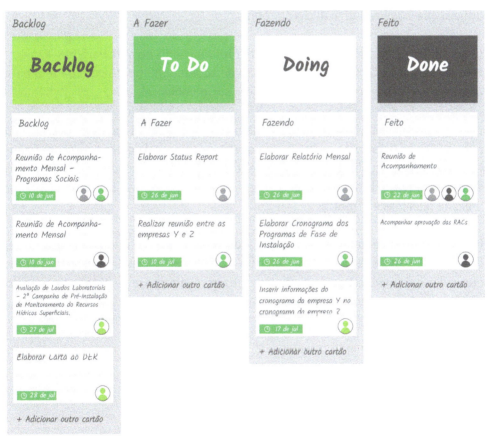

Figura 4.8. *Kanban* utilizado na gestão ágil.
Fonte: os autores.

Ferramentas aplicadas ao monitoramento e controle

É sabido que a ausência de processos de monitoramento e controle bem estabelecidos e documentados é um ponto negativo das metodologias e *frameworks* ágeis. Considerando a característica do projeto e do planejamento preditivo, identificou-se a necessidade de implementar alguns controles provenientes da metodologia preditiva, principalmente com foco em custo, tempo e qualidade.

O processo de monitoramento e controle foi realizado pelo PMO, também com o foco, conforme destacado no planejamento, para o acompanhamento dos principais itens de qualidade (escopo), tempo (cronograma) e custo (orçamento). Além disso, destaca-se que, devido à complexidade do empreendimento, foram incluídas ferramentas relativas à qualidade, a partir da validação do atendimento aos requisitos do projeto que viabilizariam o início das obras.

O gerenciamento do tempo dos projetos foi realizado no software MS-Project. Mensalmente, os GPs realizavam reunião de acompanhamento com o PMO para atualização do cronograma de cada projeto socioambiental.

O acompanhamento financeiro dos projetos socioambientais também foi realizado pelo PMO com o apoio de cada GP, com o repasse quinzenal do departamento financeiro referente à atualização dos pagamentos efetuados em benefício dos contratos do departamento de meio ambiente. Assim, o PMO alimentava o controle feito por meio de planilhas eletrônicas.

Essa gestão financeira foi feita de forma individualizada por projeto socioambiental, controlando o fluxo de caixa planejado para o projeto, acompanhando os pagamentos efetuados e a tendência de desembolsos futuros, conforme apresentado no modelo da Figura 4.9.

Figura 4.9. Detalhamento do acompanhamento financeiro.
Fonte: os autores.

Além dessas ferramentas, elencaram-se dois indicadores gerais de desempenho dos projetos socioambientais para acompanhamento das performances de custo e cronograma, a saber: o *Cost Performance Index* (CPI) e o *Schedule Performance Index* (SPI).

Esses dois índices são indicadores de eficiência em projetos e, em virtude disso, são periodicamente acompanhados a fim de identificar se ocorreram desvios relacionados ao cronograma e aos custos, quando comparados à linha de base do projeto. Esses indicadores auxiliam na análise do progresso do projeto, possibilitando ao gestor verificar como o planejamento está aderente ao executado.

O CPI é uma medida de eficiência financeira de um projeto, representando a quantidade de trabalho concluído para cada unidade de custo gasta, indicando como o projeto está cumprindo o orçamento. O CPI é calculado dividindo o custo orçado do trabalho concluído, ou o valor agregado, pelo custo real do trabalho realizado. Este indicador especifica quanto o projeto está ganhando por cada unidade monetária gasta no projeto (TERRIBILI FILHO, 2010; PROJECT MANAGEMENT INSTITUTE, 2017).

O SPI, por sua vez, é a razão entre o valor agregado e o valor planejado na linha de base, mensurando a eficiência com que a equipe está executando o trabalho (PROJECT MANAGEMENT INSTITUTE, 2017) e a velocidade na qual o projeto evolui (TERRIBILI FILHO, 2010). Um SPI menor que 1 indica que o projeto está sendo executado a uma taxa de conversão menor que a prevista inicialmente.

A seguir, algumas interpretações possíveis através dos resultados do cálculo do CPI e SPI, assumindo uma interpretação binária:

- **CPI e SPI > 1,0:** o projeto está dentro do orçamento e está adiantado.
- **CPI > 1,0 e SPI < 1,0:** o projeto está dentro do orçamento, mas está atrasado. As tarefas executadas foram eficientes, porém mais delas deveriam ter sido executadas.
- **CPI < 1,0 e SPI > 1,0:** o projeto está acima do orçamento, mas está adiantado. As tarefas executadas estão acima do orçamento, entretanto mais delas foram executadas do que agendadas.
- **CPI e SPI < 1,0:** o projeto está acima do orçamento e está atrasado.

A Figura 4.10 demonstra duas formas diferentes de analisar os mesmos indicadores de custo e cronograma (CPI e SPI) no gráfico de linhas e no quadrante de desempenho.

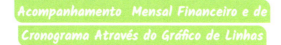

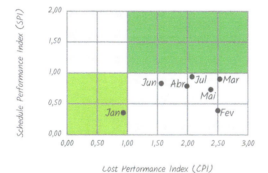

Figura 4.10. Detalhamento mensal do acompanhamento financeiro
e de cronograma pelo gráfico de linhas e pelo quadrante de desempenho.
Fonte: os autores.

Além das iniciativas já apresentadas, realizou-se a identificação de entraves ou pontos de atenção que necessitavam de cuidado especial de forma a não impactar no andamento do projeto. Para essas situações adotou-se a abertura de planos de ação conforme a metodologia do 5W2H, fechando o ciclo do PDCA, incorporado ao projeto pela adoção das práticas ágeis. Os planos de ação eram gerenciados por meio de planilhas eletrônicas, conforme ilustra as figuras 4.11 (a e b) a seguir.

	CADASTRO	PLANO DE AÇÃO	ACOMPANHAMENTO DE EXECUÇÃO			Who		When				Where
		5W	2H									
#	Referência	Plano de Ação	Priorização	What - O que será feito	Why - Justificativa	Por quem	Área	Início	Prazo (dias)	Fim Planejado	Fim Real	Onde
PA 01	Fauna Terrestre	Alterar a equipe técnica do ABIO terrestre junto ao IBAMA	Urgente	Solicitar à consultoria alteração da equipe técnica no PT do Abio de fauna terrestre	Indisponibilidade de profissionais outrora previstos	Patrick Medeiros	Meio Ambiente	18/12/2019	23	10/01/2020	09/01/2020	Empresa X
PA 02	Fauna Terrestre e Empresa Y	Negociar com a consultoria datas de execução das campanhas	Pouco Urgente	Acordar com a consultoria data das campanhas	Devido à previsão de atraso na liberação do Abio	Patrick Medeiros	Meio Ambiente	18/12/2019	23	10/01/2020	10/01/2020	Empresa X
PA 03	Educação Ambiental	Solicitar Plano de Trabalho a Lumiar	Pouco Urgente	Solicitar à consultoria o Plano de Trabalho do programa de educação ambiental	Em função do possível atraso na formalização do contrato da consultoria, previsto para janeiro/20, entende-se necessário adiantar a etapa de planejamento das ações.	Patrick Medeiros	Meio Ambiente	11/12/2019	30	10/01/2020	15/01/2020	Empresa X
PA 04	Resgate de Germoplasma	Reavaliar premissas e prazos do programa de resgate de germoplasma	Muito Urgente	Finalizar a contratação da construção do viveiro o mais breve possível e adequar o cronograma do programa	Considerando o prazo de 40 dias para a construção do viveiro e execução do laudo de vistoria do MAPA e que o resgate tem que iniciar 6 meses antes da supressão, o viveiro tem que estar pronto para operação no início de fevereiro/20.	Patrick Medeiros	Meio Ambiente	11/12/2019	7	18/12/2019	12/12/2019	Empresa X
PA 05	Resgate de Fauna	Reavaliar premissas e prazos do programa de resgate de fauna	Muito Urgente	Finalizar a contratação da construção do CPAF o mais breve possível e adequar o cronograma do programa	Considerando a exigência do IBAMA de emissão do laudo veterinário e CPAF operacional para emissão do Abio, o CPAF precisaria estar pronto com pelo menos 4 meses de antecedência em relação à supressão de vegetação.	Patrick Medeiros	Meio Ambiente	11/12/2019	7	18/12/2019	30/04/2020	Empresa X
PA 06	Biota Pelágica	Garantir a resposta do Ibama quanto à consulta feita até 20/12/19 (tarefa 4.2.6)	Muito Urgente	Diligenciamento junto ao IBAMA	A demanda é prerrogativa do IBAMA e não tem outra maneira de garantir os prazos do cronograma se não forem executados diligenciamentos periódicos.	Patrick Medeiros	Meio Ambiente	10/12/2019	3	13/12/2019	13/01/2020	Empresa X
PA 07	Biota Pelágica	Encaminhar para Econservation o Plano de Trabalho do Abio e o RET para atualização (tarefa 4.2.7)	Muito Urgente	Encaminhamento de documentos	Adiantar a protocolização do pedido de ABIO tão logo haja resposta do IBAMA quanto à consulta feita.	Helbert Broedel	Meio Ambiente	10/12/2019	3	13/12/2019	13/01/2020	Empresa X

Figura 4.11a. Aplicação da ferramenta 5W2H e PDCA.
Fonte: os autores.

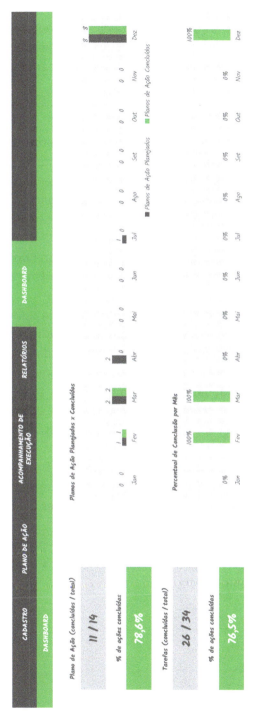

4.11b. Aplicação da ferramenta 5W2H e PDCA.
Fonte: os autores.

Destaca-se que todo esse monitoramento e controle foi documentado por meio de relatórios mensais simplificados para a alta direção e relatórios detalhados para a gerência da área de meio ambiente, cujo objetivo, além de informar, estava vinculado à resolução dos entraves e problemas encontrados no período.

Lições aprendidas e oportunidades de melhoria

Muitas foram as lições aprendidas nesse estudo, pois tratou-se de um projeto piloto para a aplicação de um modelo híbrido de gerenciamento de projetos sobretudo na área socioambiental. A gestão ambiental do empreendimento geralmente é executada pelo método preditivo. Sendo assim, as cerimônias *Scrum* previstas tiveram que ser adaptadas a uma nova realidade.

No entanto, podemos destacar quatro importantes aprendizados, principalmente no que diz respeito à aplicação dos métodos e *frameworks* ágeis:

1. **Filosofia é o que importa:** independentemente dos papéis assumidos por cada membro do time na execução das tarefas e no cumprimento das cerimônias do *framework*, o fundamental é a internalização da filosofia agilista de rodar um ciclo de PDCA em curto espaço de tempo (*Sprint*).
2. **Adapte à sua relidade:** não tente implementar todo o *framework* "by the book", com todas as cerimônias previstas. Adapte à sua realidade de trabalho e à realidade do seu projeto e use as ferramentas que melhor convierem ao momento.
3. **Foco no aprendizado:** mantenha o foco em melhorar a gestão do seu projeto/negócio implementando as melhores técnicas, ferramentas e boas práticas de gestão de projetos/programas, pois os bons resultados serão apenas uma consequência.
4. **Faça você mesmo:** não espere que a empresa/companhia se inspire e transforme a gestão do seu projeto/negócio em ágil. Se tiver interesse, estude e faça você mesmo, como puder.

Referências bibliográficas

BARBIERI, J. C. **Gestão ambiental empresarial:** conceitos, modelos e instrumentos. 2.ed. atual. e ampl. São Paulo: Saraiva, 2007.

CALIJURI, M. C.; CUNHA, D. G. F. **Engenharia Ambiental:** conceitos, tecnologia e gestão. Rio de Janeiro: Elsevier, 2013.

PROJECT MANAGEMENT INSTITUTE. **A Guide to the Project Management Body of Knowledge:** PMBOK® Guide. 6th. ed. Newtown Square, PA: PMI, 2017.

SCHWABER, K.; SUTHERLAND, J. **The Scrum Guide:** The Definitive Guide to Scrum – The Rules of the Game. 2020.

TERRIBILI FILHO, A. **Indicadores de Gerenciamento de Projetos:** monitoração contínua. São Paulo: M. Books, 2010.

5. Gestão de projetos de educação ambiental para a gestão pública

Sandra Rangel de Souza Miscali
Isroberta Rosa Araújo
Fernanda dos Santos de Oliveira Souza

Introdução

A questão ambiental ganhou ênfase no debate internacional a partir da década de 1970. As discussões em diversas conferências sobre o tema tiveram por consequência a construção de documentos e acordos dos quais o Brasil é signatário e, posteriormente, originaram políticas públicas no país (DIAS, 1994). O licenciamento ambiental, estabelecido por meio da Política Nacional de Meio Ambiente, Lei nº 6.938/81, teve suas diretrizes para implementação estabelecidas por meio da resolução 257/1997 do Conselho Nacional de Meio Ambiente (CONAMA) e é um dos instrumentos da gestão ambiental nacional com vistas a proporcionar condições para a produção e aquisição de conhecimentos, habilidades e ações, por meio da participação individual e coletiva, tanto na gestão do uso dos recursos ambientais quanto na concepção e aplicação de decisões que afetam a qualidade dos meios físico-natural e social (QUINTAS, 2006).

O licenciamento institui projetos socioambientais com o objetivo de promover ações que atuem no meio ambiente físico e social, mas, além da implementação desses projetos, urge a construção dos seus objetivos e o conhecimento da efetividade de suas ações, representando a importância do gerenciamento de projetos para sua realização. Elaborar, acompanhar o desenvolvimento e avaliar um projeto são etapas essenciais no seu gerenciamento, o que se aplica por meio do monitoramento e da avaliação.

Busca-se neste capítulo compartilhar a experiência de gerenciamento de projetos desenvolvida no Projeto Núcleo de Educação Ambiental da Bacia de Campos – NEA-BC, executado pela Associação Raízes[4]. Para isso, serão abordadas as metodologias aplicadas em seu planejamento, monitoramento e avaliação. A primeira delas é o Marco Lógico, no qual a proposta busca delinear as atividades orientadas a partir de seus objetivos e metas. A segunda é o Modelo Lógico, cuja estrutura do programa é

---

[4] Disponível em <https://associacaoraizes.org.br/>.

orientada por resultados. Enquanto a primeira metodologia está ligada ao planejamento e ao monitoramento das atividades, a segunda diz respeito à avaliação. Assim, com o propósito de auxiliar o desenho e a avaliação do projeto, as duas metodologias de gestão de projetos foram conciliadas em seu Sistema de Monitoramento e Avaliação, respeitando as especificidades de cada uma delas. A seguir, apresentaremos suas propostas.

A construção do Projeto NEA-BC e do seu sistema de monitoramento foi desenvolvida a partir de processos participativos, junto à comunidade que integra o projeto, envolvendo ações de pesquisa, reflexão e tomada de decisão. A construção do sistema de gestão contou com grupo de trabalho envolvendo representantes de todos os segmentos da instituição, desde a equipe técnica (gestão e campo) até associados e comunitários[5] do projeto.

A metodologia adotada visa facilitar diálogos locais e o engajamento dos atores nos diferentes níveis – jovens, mulheres, homens, pequenos produtores, lideranças etc. –, a participação efetiva na tomada de decisões e no processo de negociação com instituições gestoras e outros atores locais (governo local, empresas e partes interessadas), que apresentam impacto significativo na qualidade de vida dos grupos e em seu acesso aos recursos naturais.

O Marco Lógico

O modelo do Marco Lógico (ML) foi desenvolvido em 1969/70 por consultores da Agência Americana para o Desenvolvimento Internacional (USAID), com o propósito de monitorar e conhecer a efetividade dos projetos em atividade na instituição. Nesse contexto, surge o método da Matriz Lógica, utilizando conceitos do gerenciamento por objetivos em um cenário onde os proponentes tinham dificuldades em focar suas ações e demonstrar resultados efetivos (PEREIRA, 2015, p. 361). Também conhecido como matriz lógica, matriz de quadro lógico, quadro lógico, *Logical Framework Approach* (LFA ou *Logframe*) ou método ZOPP[6] (Planejamento de Projeto Orientado por Objetivos), o Marco Lógico é uma ferramenta de gestão de projetos que organiza as informações a partir de uma estrutura de causa e efeito, facilitando a conceituação,

---

[5] Os comunitários, também chamados de sujeitos da ação educativa, são os participantes do projeto NEA-BC que atuam em suas atividades de forma voluntária.
[6] A metodologia passou por diversas revisões e aprimoramentos, o que culminou em denominações diferenciadas. O método ZOPP, elaborado em 1975 na Alemanha, é uma adaptação do LFA e sua inovação está na utilização do instrumento de forma participativa.

o desenho, a execução e a avaliação do projeto. Para isso, considera uma situação problema e os mecanismos de intervenção para alcançar os resultados desejados, conforme planejamento (BRASIL, 2016).

O Marco Lógico estrutura-se a partir de uma cadeia hierárquica com a organização dos objetivos a serem atingidos, considerando para isso os seus indicadores, metas, fontes de verificação e pressupostos. Dessa forma, visa a "teoria da mudança" esperada para o projeto (RODRIGUES, 2005). Segundo a autora, o Marco Lógico nos apresenta a importância do planejamento para realização do monitoramento e da avaliação, principalmente desta última, posto que, ao iniciar o projeto, já se tem clareza quanto ao problema a ser abordado, às características do contexto social, aos resultados pretendidos, às estratégias a serem seguidas, à atribuição de responsabilidades entre os atores, como era a situação do pré-projeto e qual é a situação desejada para o pós-projeto.

De acordo com Ortegón, Pacheco e Prieto (2005), no manual do *Instituto Latinoamericano y del Caribe de Planificación Económica y Social* (ILPES) , o método estruturou-se a partir da resposta a problemas existentes nos projetos sociais, sendo os mais críticos a ausência de precisão no planejamento do projeto, com objetivos vagos, não direcionados às atividades, ausência de clareza quanto às responsabilidades do gerenciamento e ausência de metas objetivas, tornando difícil para os avaliadores comparar o que foi planejado com o contexto real.

A aplicação da metodologia do Marco Lógico acontece em dois momentos diferentes. O primeiro momento compreende o levantamento de informações sobre o problema a ser tratado no projeto e como será realizado. O segundo momento conta com a elaboração da Matriz do Marco Lógico, a partir de um quadro que resume os principais aspectos do projeto, conforme desenvolvido na primeira fase. A seguir, vamos descrever como esses momentos ocorrem e como eles dialogam no gerenciamento do projeto.

Identificação e análise do problema das pessoas envolvidas

A fim de construir um plano sobre como resolver a questão-problema, primeiro é necessário identificar e analisar a questão central, as pessoas envolvidas, e a partir disso construir os objetivos a serem alcançados e selecionar as estratégias a serem implementadas. Para tanto, a etapa de identificação e construção de alternativas do problema divide-se em cinco fases:

1. A primeira fase é composta por uma análise dos envolvidos. Para isso, realiza-se um levantamento de todas as pessoas e/ou grupos que sejam partes interessadas ou que estejam diretamente envolvidos no problema. A análise desse grupo é crucial para a diminuição de impactos negativos e a otimização de benefícios sociais e institucionais na construção do projeto. Ao analisar seus interesses, é importante buscar a potencialização dos interesses coincidentes, a redução da oposição e o apoio dos indiferentes.
2. A segunda fase refere-se à análise do problema, onde importa conhecer a situação na qual se deseja intervir, assim como suas causas e consequências na sociedade. Para isso, utiliza-se a metodologia da árvore de problemas, onde os sujeitos envolvidos na questão, por meio de uma "chuva de ideias", indicam quais são os principais problemas, destacando suas implicações para a comunidade. Os problemas são hierarquizados de acordo com as causas e as consequências detectadas para cada um deles. A aplicação da árvore de problemas amplia a visão sobre a questão a ser solucionada, e a partir dela é possível pensar o que é necessário ser resolvido (ORTEGÓN; PACHECO; PRIETO, 2005).
3. Com base nos problemas levantados na fase anterior, são elaborados os objetivos do projeto, ou seja, o lugar ideal no qual se deseja chegar. À vista disso, são construídas soluções para as questões apontadas por meio da árvore de objetivos. Nesta metodologia, o problema central torna-se a situação desejada, as consequências tornam-se a finalidade e as causas os meios.
4. A quarta fase consiste no planejamento das ações elencadas na Árvore de Objetivos. Para isso é necessário planejar as ações que contribuirão para que as questões sejam solucionadas, o que se transforma nas atividades que serão realizadas posteriormente.
5. Matriz de decisão, a partir da qual se passa do planejamento à execução. Nela está descrita a estrutura analítica do projeto.

A Matriz do Marco Lógico

Uma vez identificados os problemas centrais a serem corrigidos e as intervenções a serem realizadas, é necessário apontar como eles contribuirão para a realização dos objetivos propostos. Para isso, constrói-se a Matriz do Marco Lógico, que apresenta de forma sucinta os aspectos mais importantes do projeto e a forma como os objetivos serão alcançados, conforme apresentado na Tabela 5.1.

Tabela 5.1. Estrutura da Matriz do Marco Lógico.
Fonte: adaptado de Ortegón, Pacheco e Prieto, 2005, p. 23.

De acordo com Pfeiffer (2000), o quadro da Matriz do Marco Lógico define as relações lógicas entre os diversos campos. Para compreender essas relações, primeiro vamos conhecer os campos que compõem a matriz.

A primeira coluna é composta por atividades, resultados, objetivos e impactos.

1. Por atividades compreendemos as ações a serem executadas nas quais são mobilizados insumos (recursos financeiros, humanos, técnicos, materiais e de tempo) para elaborar as entregas (treinamento, construção etc.) de um projeto a fim de produzir os bens e serviços desejados, considerando os resultados. Para cada resultado, uma série de atividades principais é elaborada.
2. Os resultados são os bens e serviços produzidos pelo projeto, resultantes das atividades. Eles agregam e contribuem para os objetivos.
3. Já os objetivos são o que o projeto espera alcançar no nível do beneficiário e contribui para mudanças no nível da população, que agregam e ajudam a alcançar o cumprimento das metas e o impacto ao longo do tempo.
4. Por fim, os impactos são os resultados para os quais o projeto colabora de forma ampla, contribuindo para transformações que podem ocorrer a longo prazo.

Na segunda coluna estão os indicadores que são os meios de verificação dos objetivos e resultados, estabelecendo o que e/ou quanto se pretende alcançar, fornecendo uma base para o acompanhamento e a avaliação do que foi planejado. A fonte de verificação (terceira coluna) indica onde se encontram as informações e os dados elencados nos indicadores (locais e documentos) e que poderão ser utilizados para verificar seu conteúdo. Por fim, na última coluna estão as suposições ou hipóteses, que são fatores externos que escapam à influência direta da gerência do projeto, mas que são importantes para o êxito da intervenção.

Importa considerar que a construção do quadro da Matriz do Marco Lógico se dá de forma dinâmica e conectada às etapas explicitadas anteriormente, considerando as informações elencadas nesses instrumentos de análise. Sendo assim, utilizam-se as questões tratadas na árvore de problemas e os objetivos apontados na árvore dos objetivos, o que contribui para a construção e definição de objetivos e resultados da Matriz Lógica, conforme apresentado na Figura 5.1.

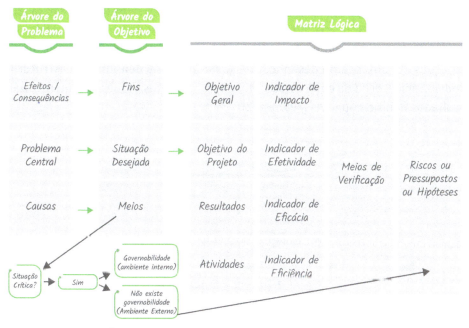

Figura 5.1. Árvore dos problemas e objetivos na construção da Matriz Lógica.
Fonte: adaptado de Pereira, 2015.

Do problema central, coletado por meio da árvore de problemas, define-se a situação desejada, e os efeitos tornam-se fins. As causas convertem-se em meios com a árvore dos objetivos. Dessa forma, são delineados os principais elementos do projeto, descritos no quadro da Matriz do Marco Lógico conforme suas especificidades (PEREIRA, 2015).

A Matriz do Marco Lógico é utilizada como instrumento para facilitar o processo de conceituação, organização, execução e avaliação de projetos e apresenta os indicadores divididos em eficiência, eficácia e efetividade. A metodologia pode ser utilizada para desenhar projetos por meio de um processo estruturado de maneira participativa, mas também como um instrumento de apresentação, gerenciamento e até mesmo de avaliação de projetos.

Modelo Lógico

A segunda metodologia abordada aqui trata do Modelo Lógico, que, apesar da semelhança no nome, apresenta uma proposta diferente da anterior e, ao mesmo tempo, complementar. Quanto à formulação de um projeto, o modelo é sua apresentação visual, com a descrição das ideias, das hipóteses e das expectativas que formam sua estrutura, bem como o funcionamento esperado do programa (BALBIM et al, 2013, *apud* COSTA, 2018, p. 39). A partir desses elementos, a proposta metodológica busca relacionar os insumos disponibilizados, as ações executadas e os resultados das ações em um mesmo desenho, que se desdobra na denominada estrutura do Modelo Lógico, dividida em recursos, atividades, produtos, resultados intermediários resultados finais e impactos (Figura 5.2).

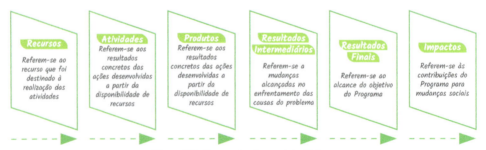

Figura 5.2. Elementos do modelo lógico.
Fonte: adaptado de Costa, 2018.

O Modelo Lógico possui múltiplas funções, como: esclarecer o que se espera do programa, identificar objetivos, recursos, ações, resultados e relações causais; contribuir para gerar referências para avaliações *a posteriori*; estabelecer indicadores de desempenho; explorar a realidade de implementação do programa; avaliar a capacidade de mensuração do desempenho e do alcance dos objetivos planejados; auxiliar na tomada de decisão; e realizar avaliação intensiva (COSTA, 2018, p. 41).

Para aplicação do modelo em questão, utilizamos como referência a abordagem proposta por Ferreira, Cassiolato e Gonzalez (2009), que se divide em três partes:

1. Explicação do problema e referências básicas do programa (objetivo, público-alvo e beneficiários) – Para explicação do problema é necessário ter clareza sobre o problema que se quer resolver. Dessa forma, importa sistematizar ações que permitirão sua definição. Uma das metodologias abordadas para tal é a árvore de problemas, com o mesmo intuito aplicado na metodologia do Marco Lógico: conhecer o problema, assim como suas causas e consequências. Todo problema deve ser entendido como sendo o efeito de uma ou de várias causas geradoras. Portanto, solucionar problemas é atuar nas suas causas e não neles diretamente. A partir dessas definições, tem início a fase de construção das referências básicas do programa, com a identificação do objetivo geral e do público-alvo (BRASIL, 2016).
2. Estruturação lógica do programa para alcance de resultados (recursos, ações, produtos, resultados intermediários, resultado final e impactos) – As ações do programa devem estar orientadas para mudar causas críticas do problema, aquelas sobre as quais se deve intervir pelo seu maior efeito para a mudança esperada. O primeiro passo da elaboração do modelo lógico é a definição das atividades, ou seja, as ações que serão realizadas. Em seguida firmam-se os produtos, gerados a partir dessas ações. Conhecendo o produto, é possível definir os resultados intermediários e o resultado final. O resultado intermediário é consequência de um ou mais produtos e evidencia mudanças nas causas do problema. O resultado final deve conter apenas um enunciado, que está diretamente relacionado ao objetivo do programa. Por fim, importa conhecer os impactos oriundos dos resultados.
3. Identificação de fatores de contexto que podem influenciar na implementação do programa.

A última etapa relativa à construção do modelo requer uma análise sobre o contexto no qual o projeto/programa será implementado. Para tanto, é necessário identificar os fatores que podem favorecer ou comprometer o desenvolvimento das ações. Essas informações permitirão conhecer a sustentabilidade das hipóteses assumidas na sua estruturação lógica para o alcance de resultados.

Como cumprimento dessas etapas, a construção do modelo lógico do programa possibilita traçar o caminho percorrido a fim de buscar uma solução para o problema inicial.

O sistema de monitoramento e avaliação na gestão de projetos

A educação ambiental aponta, por meio de princípios e diretrizes, para a necessidade da participação nos processos decisórios acerca das questões socioambientais, tendo em vista não só a melhoria na relação entre a sociedade e a natureza, mas a retenção dos benefícios por grupos privilegiados e a socialização dos riscos em grupos vulneráveis.

A partir do cenário supracitado, a educação ambiental preconizada pelo licenciamento ambiental das atividades de petróleo e gás, enquanto política pública, volta-se para a participação na gestão ambiental pública, com o objetivo de fomentar a organização de grupos sociais por meio de processos de ensino-aprendizagem baseados em uma educação crítica e emancipatória, construídos (QUINTAS, 2004) a partir da ação-reflexão (FREIRE, 2011), com vistas à transformação social de suas realidades.

Na gestão de projetos de educação ambiental, a criação do sistema de monitoramento e avaliação consiste em um desafio, à medida que implica em outros aspectos: levar em consideração o modelo adotado no planejamento, considerar o tamanho da equipe (quem ficará responsável pela coleta, tabulação e análise dos dados), criar estratégias de monitoramento que permitam a identificação de pontos frágeis e melhorias, selecionar instrumentos e técnicas, além de indicadores capazes de medir o processo, os resultados e o impacto do projeto.

Existe um aspecto que deve ser prioridade em todo o processo de gestão do projeto de educação ambiental: a participação dos grupos sociais envolvidos, desde a elaboração até a avaliação final do projeto. Nesse sentido, o modelo precisa ser flexível o suficiente para permitir o diálogo entre as equipes e os sujeitos da ação educativa a fim de garantir a construção e a execução de uma proposta voltada para a mitigação dos impactos da cadeia da indústria do petróleo. Entretanto, como selecionar um modelo que considere todos esses elementos e permita monitorar e avaliar o projeto de educação ambiental, a fim de permitir a sua melhoria contínua e a verificação dos resultados?

Para isso, se torna imprescindível conceituar monitoramento e avaliação, unidades complementares e inter-relacionadas na gestão de projetos, mas que possuem especificidades e objetivos, a fim de compreender como podem ser aplicados nos projetos de educação ambiental.

O monitoramento consiste em um conjunto de atividades de acompanhamento contínuo (VAITSMAN, 2009) e periódico acerca do desenvolvimento de um projeto ou programa, por meio de coleta e análise de dados a fim de verificar seu desenvolvimento. As informações e suas análises contribuem e geram subsídios para a avaliação. Pode-se dizer que a principal preocupação do monitoramento é o funcionamento do programa, como o auxílio em sua execução, a melhoria da função gerencial e os demais objetivos, como: "assegurar eficiência e produtividade de um programa; organizar fluxos de informações sobre o programa e auxiliar o processo de avaliação, constituindo fonte de informação para o pessoal do planejamento e da execução, bem como da avaliação" (SILVA, 2001, p. 79).

O monitoramento permite a realização do acompanhamento sistemático das atividades a fim de verificar a execução de ações e atividades do plano de trabalho. Dessa forma, torna-se possível garantir o cumprimento dos seus objetivos e de suas metas, permitindo efetuar ajustes quando se identificam desvios ou dificuldades no percurso. Assim, o monitoramento contribui para a tomada de decisões, pois ocorre no momento da execução e compreende um conjunto de quatro etapas: 1. a coleta regular dos dados; 2. o processamento e a transmissão dos dados; 3. a produção de indicadores com base nos dados; e 4. o acompanhamento e a análise dos indicadores (VAITSMAN, 2009).

A coleta regular de dados poderá ser realizada internamente ou em bancos externos. Nesse momento, deve ser definido onde será coletado e com quais instrumentos e técnicas a coleta será realizada, de acordo com a realidade do projeto e o tamanho da equipe.

O processamento e a transmissão de dados envolvem a tabulação por meio da seleção de ferramentas e sistemas de informações, enquanto a produção de indicadores pode ser realizada a partir dos dados gerados pelo projeto ou por dados externos.

O acompanhamento e a análise da variação dos indicadores ao longo do tempo permitirão verificar se o projeto cumpriu os objetivos planejados; caso não os tenha alcançado, deverão ser adotadas as medidas capazes de prover melhorias e correções.

No que se refere aos tipos de monitoramento, segundo o foco classificam-se em gerencial e analítico. O primeiro está voltado ao acompanhamento de metas e prazos de ações, enquanto o segundo compreende o exercício sistemático de análise de indicadores representativos dos fluxos de desembolsos financeiros, de realização de atividades-meio, de entrega de produtos e de inferência de resultados dos programas junto aos seus públicos-alvo, segundo critérios clássicos de avaliação de equidade, eficácia, eficiência e efetividade (JANNUZZI, 2013).

Se o monitoramento realiza o acompanhamento contínuo e periódico do projeto, qual seria a função da avaliação? A avaliação consiste em um levantamento de informações que envolve as várias etapas de um programa/projeto desde o planejamento, a execução, a finalização até a inferência de seus resultados e impactos na sociedade. Dessa forma, tem o objetivo de produzir evidências, compilar dados e sistematizar estudos capazes de contribuir para o aperfeiçoamento de programas e projetos, além da consecução de seus objetivos (JANNUZZI, 2013).

Identificam-se vários critérios referentes à avaliação, de acordo com agente, momento, natureza e problema, desmistificando a possibilidade de realizá-la apenas ao final do projeto. A avaliação implica análise, a fim de que seja possível medir o alcance dos resultados e efeitos do projeto, mas para isso é necessário, por exemplo, realizar um diagnóstico no início do projeto, ou em seu decorrer, identificar se as atividades de ensino-aprendizagem estão alcançando os resultados para além das metas referentes a temas, perfil e número de participantes. Além disso, nos projetos de educação ambiental crítica, cabe destacar a necessidade de envolver os sujeitos da ação educativa em todas as etapas.

Assim, convém indagar: como é possível aliar monitoramento e avaliação em um projeto de educação ambiental? Por meio de um sistema de monitoramento e avaliação entendido como um "conjunto de processos articulados e tecnicamente orientados de levantamento, registro, produção, organização, acompanhamento e análise crítica de informações resultantes" (JANUZZI, 2013, p. 9).

A criação do sistema de monitoramento e avaliação favorece o acompanhamento, a melhoria e a realização de análises acerca do projeto, além de contribuir para a participação sistemática dos sujeitos da ação educativa em todas as etapas, e ainda contribui para a sistematização e a apresentação dos resultados de forma transparente. Então, pode-se perguntar: quais seriam as principais decisões em relação ao sistema de monitoramento? (Figura 5.3)

O que deve ser monitorado?
Execução orçamentária, processos e atividades e/ou resultados?

Qual a unidade de monitoramento?
Unidades organizacionais (quem faz)? Programas (o que se faz)? Projetos (o que é mais prioritário)?

Qual o escopo do monitoramento?
Gerencial ou Analítico?

Quais as fontes e a periodicidade das informações?

Como se dividem as responsabilidades para sua manutenção periódica?
Qual o papel das unidades organizacionais temáticas e da área de informática?

Qual o nível de centralização e de acesso?
Restrito, seletivo, aberto ao público?

Qual o nível de articulação do sistema às rotinas de tomada de decisão?

Figura 5.3. Decisões metodológicas e operacionais envolvidas na especificação de um sistema de monitoramento.
Fonte: adaptado de Jannuzzi, 2011, p. 50.

Definidas as questões anteriores, é importante destacar a necessidade de construir um bom sistema de indicadores, no qual "(...) não é necessário um composto de grande quantidade de informação, mas sim um sistema em que a informação seja selecionada de diferentes fontes e organizada de forma sintetizada (...)" (JANNUZZI, 2011, p. 50).

Outro elemento que o sistema deve considerar é o ciclo de implementação de um projeto e suas etapas: planejamento, iniciação, execução e encerramento. Assim, um sistema de monitoramento deve produzir informações para subsidiar as decisões durante todos os estágios do ciclo, comparando o planejado com o realizado.

No Marco Lógico, todo o planejamento do projeto na matriz tem como elemento inicial os objetivos – geral e específicos. Todos os indicadores, atividades, metas e hipóteses estão orientados pelos objetivos. Dessa forma, o sistema de monitoramento e avaliação deverá estar em consonância com a matriz e, caso seja necessário, considerar novos indicadores.

Sistema de monitoramento e avaliação na educação ambiental: a experiência do projeto NEA-BC

O Projeto Núcleo de Educação Ambiental da Bacia de Campos (PEA NEA-BC) é uma medida de mitigação condicionante do licenciamento ambiental da Petrobras, conduzido pelo IBAMA, com atuação em 13 municípios[7], cujo objetivo, até fevereiro de 2020, consistiu em "promover a participação cidadã na gestão ambiental, por meio de uma educação crítica e transformadora, em busca de uma sociedade mais justa e sustentável na região da Bacia de Campos". Para tanto, segue as diretrizes da Nota Técnica CGPEG/DILIC/IBAMA nº 01/2010 (IBAMA, 2010) e a Instrução Normativa nº 02/2012 (IBAMA, 2012), que estabelecem as bases teórico-metodológicas da educação no processo da gestão ambiental e definem as diretrizes para o seu plano de trabalho, em consonância com as Políticas Nacionais de Educação Ambiental e Meio Ambiente.

O projeto iniciou em 2009, executado por uma instituição do terceiro setor, a Associação Raízes, fundada por professores da rede pública de ensino que se uniram a partir das discussões sobre educação ambiental na região da Bacia de Campos. A instituição, de base comunitária, vem se consolidando como uma referência na região no que tange à política de educação ambiental no licenciamento ambiental, por meio de suas diretrizes político-pedagógicas que ancoram o projeto NEA-BC e seus objetivos, que englobam desde o fortalecimento da associação e de seus núcleos operacionais, visando maior integração com a comunidade, a construção e disseminação de conhecimentos para fortalecer ações de participação comunitária na gestão pública, até o controle e a participação social por meio do diálogo e do acompanhamento na formulação e fiscalização de políticas públicas.

De acordo com Campeão e Miscali (2019), o modelo de gestão da Associação Raízes reflete na estrutura e execução do Projeto NEA-BC, tendo em vista o planejamento participativo onde os Grupos Gestores Locais, compostos por sujeitos da ação educativa do NEA-BC, participam da elaboração do projeto, tanto na fase diagnóstica como na elaboração (construção das atividades e destinação de recursos humanos e financeiros), na execução, no monitoramento e na avaliação. A elaboração e a execução dos planos de trabalho são feitas por meio de metodologias participativas, considerando as diferentes realidades e especificidades dos municípios, da região e dos grupos que compõem o projeto, tanto nas oficinas de planejamento quanto no monitoramento e na avaliação de resultados (feitos anualmente e ao final de cada fase).

---

[7] O Projeto NEA-BC possui área de atuação na Bacia de Campos, englobando os municípios de São Francisco de Itabapoana, Campos dos Goytacazes, São João da Barra, Carapebus, Quissamã, Macaé, Rio das Ostras, Casimiro de Abreu, Cabo Frio, Armação dos Búzios, Arraial do Cabo, Saquarema e Araruama.

Além do planejamento participativo, a instituição tem em seu modelo de gestão a valorização dos profissionais da educação, com equipe de perfil interdisciplinar (humanas, sociais, exatas e biológicas) e atuação transdisciplinar, em que se considera a construção de saberes de forma horizontal e não hierarquizada, a formação continuada, por meio de encontros trimestrais para formação, planejamento, monitoramento e avaliação do plano de trabalho com a equipe, com base nos objetivos do projeto NEA-BC, considerando os resultados das atividades educativas desenvolvidas, como grupos de estudo, reuniões, grupos de trabalho, encontros educativos, seminários, debates para participação em espaços de controle social, representação, monitoramento do orçamento público, dentre outras.

Do ponto de vista político-pedagógico, a abordagem se faz com os temas geradores, na qual os processos educativos são construídos a partir da realidade dos sujeitos da ação educativa e avançam na construção dos saberes por meio do diálogo e da problematização, com diálogo entre educadores e educandos pautados na reflexão-ação-reflexão que ancora os processos educativos – diagnósticos (mapeamento dos problemas), formativos (construção e disseminação do conhecimento para solucionar o problema) e interventivos (ação voltada para a solução do problema), levando em consideração as necessidades da comunidade, as diferentes realidades, a compreensão da totalidade, a intervenção por meio do controle social e a incidência política como forma de transformar a realidade e mitigar os impactos da indústria do petróleo e gás.

Assim, ao longo de sua história, o PEA NEA-BC tem consolidado suas práticas educativas com base na pedagogia freiriana, na educação popular, libertadora, crítica e transformadora, que considera os diferentes aspectos culturais e sociais dos sujeitos, por meio das práxis, para transformação social e a sua própria libertação, entendida como processo de busca permanente. Os processos formativos se baseiam na relação horizontal entre educadores e educandos, sem sobreposição de saberes, contrários ao modelo de educação bancária, em que os educandos são considerados como depósitos de conteúdo por seus educadores (FREIRE, 2011).

Em sua trajetória, o projeto atuou por dez anos na Linha de Ação A da Nota Técnica CGPEG/DILIC/IBAMA nº 01/2010, que visa a organização comunitária para a participação na gestão ambiental. Contudo, desde fevereiro de 2020, no início de sua quarta fase, se encontra na Linha de Ação C, que trata do apoio à democratização, à discussão pública e à fiscalização do cumprimento das diretrizes de Planos Diretores Municipais (IBAMA, 2010), com nova coordenação, devido à reestruturação interna da Petrobras, que redirecionou seus empreendimentos e fez com que o projeto passasse da Unidade de Negócios Rio de Janeiro (UN-Rio) para coordenação da Unidade de Negócios Bacia de Campos (UN-BC).

O projeto NEA-BC desenvolve atividades educativas voltadas para a construção e a disseminação de conhecimentos sobre a realidade, ações coletivas e estratégias de intervenção social, promovendo meios para que os grupos sociais afetados pelos impactos ambientais, de acordo com a política de Licenciamento Ambiental Federal, participem de forma qualificada e crítica da gestão ambiental de seu município e região, considerando também sua relação com o estado e a União.

Tanto o monitoramento de seus processos educativos quanto a avaliação de resultados são feitos por meio do Sistema de Monitoramento e Avaliação (SM&A), criado em 2016 pela Associação Raízes. Nessa ocasião, formou-se um grupo de trabalho (GT) para debater e sistematizar o monitoramento e a avaliação da instituição e do projeto NEA-BC. Após dez encontros do GT, dois com toda a equipe e, posteriormente, um em cada núcleo operacional, o Plano de Monitoramento e Avaliação foi criado.

O sistema de monitoramento e avaliação mescla três metodologias: Marco Lógico, Modelo Lógico e Painel de Indicadores, a fim de monitorar e avaliar a execução das atividades, o orçamento, os processos e os resultados, além de contemplar tanto o monitoramento gerencial quanto o analítico das diferentes fases do projeto NEA-BC.

O Marco Lógico constitui-se numa metodologia de planejamento antes do início do projeto. Os objetivos são previamente definidos com base nas questões socioambientais comuns aos 13 Grupos Gestores Locais. Nas fases I, II e III a baixa participação na gestão ambiental pública consistiu no problema delimitado a partir do diagnóstico realizado. O planejamento do projeto é realizado nas seguintes etapas com um dos 13 grupos sociais: 1. diagnóstico atualizado sobre os impactos da indústria de petróleo e gás com os grupos sociais; 2. construção de atividades, metodologias, metas, indicadores, orçamento e prazo; 3. sistematização dos elementos por objetivo; 4. grupos de trabalho para debater os elementos sistematizados; 5. plenária final com os representantes dos grupos para avaliação da proposta e validação.

Na etapa da execução, os grupos acompanham[8] a Matriz Lógica para planejamento das atividades político-pedagógicas, monitoramento e resultados. Quando as atividades se tornam inviáveis, os grupos, mediante a autorização da concedente,

---

[8] Cada grupo reproduziu a Matriz Lógica da forma identificada como a mais adequada para realizar o monitoramento: impressão em A3 para mural e elaboração de *banner* são exemplos.

remanejam a atividade. Além disso, a gestão financeira também é monitorada tanto no planejamento da atividade quanto na prestação de contas fixadas mensalmente nos núcleos operacionais.

O Modelo Lógico facilita o monitoramento das atividades e resultados à medida que une aspectos físicos e financeiros à delimitação dos indicadores. A organização de indicadores pela Gestão do Fluxo de Implementação de Programas no Painel de Indicadores permite a geração de gráficos com os resultados para análise e divulgação.

Além de identificar a metodologia no ciclo de projetos, uma estratégia fundamental consiste na organização do sistema de monitoramento e avaliação nas seguintes etapas: coleta regular de dados, processamento e transmissão, produção de indicadores com base nos dados e acompanhamento e análise dos indicadores.

A **coleta dos dados** primários diversifica-se em instrumentos que visam atender às demandas do monitoramento interno e das concedentes, além de ser realizada pela equipe e pelos participantes do projeto (Figura 5.4).

Questionário Mensal de Informação (QMI) – Preenchido mensalmente pela equipe de campo, apresenta perguntas capazes de medir as categorias referentes aos insumos e processos de execução do projeto.

Questionário Bienal de Informação (QBI) – Realiza a avaliação de processo e de resultado intermediário a partir das respostas dos sujeitos da ação educativa do projeto NEA-BC – membros dos Grupos Gestores Locais (GGL) e instituições com a qual a Associação possui relação contratual.

Atas e relatórios – Evidências produzidas por todos os trabalhadores sobre cada atividade realizada.

Tabela de atividades – Preenchida mensalmente pela equipe da Associação, com resumo das atividades realizadas no projeto.

Plano de Trabalho[9] – Tabela com todas as atividades planejadas pelo GGL e preenchida mensalmente pelo educador social.

---

[9] Como o Plano de Trabalho consiste no instrumento pelo qual os Grupos Gestores Locais realizam o planejamento, a execução, o monitoramento e a avaliação do projeto, possui as seguintes categorias: objetivos, atividades, metas, indicadores, orçamento, prazo, responsáveis, análise crítica, status e medida corretiva.

Planilha orçamentária – Planilha de registros das receitas e despesas mensais do projeto por município.

Figura 5.4. Percursos dos dados.
Fonte: Associação Raízes, 2016.

A divulgação dos dados com as respectivas análises dos resultados alcançados ocorre por meio de relatórios trimestral e semestral entregues à empresa concedente e ao órgão ambiental e publicados no site da Associação. No mural dos Núcleos Operacionais as publicações ocorrem mensalmente.

As três fases do projeto situaram-se entre três e quatro anos, por isso o monitoramento e a avaliação aconteceram em temporalidades variadas, dividindo-se em mensal, pelos educadores, AMLs, grupos e equipe gestora; trimestral por equipe gestora, educadores, AMLs e concedente; anual por educadores, AMLs, grupos e equipe gestora; e final, por equipe gestora, educadores, AMLs, grupos, concedente e órgãos ambientais.

O monitoramento com frequência mensal, trimestral e anual permite analisar se as atividades realizadas e as metas alcançadas convergem para as transformações socioambientais planejadas pelos grupos. Caso seja identificado, após análise crítica, que as atividades não foram suficientes para o alcance dos objetivos, o plano de trabalho passa por ajuste.

Outro fator importante consiste na delimitação de indicadores[10] capazes de medir a realidade de forma concreta, um desafio para o campo da educação ambiental; todavia, imprescindíveis para realizar o monitoramento e a avaliação do projeto e sua comparação em diferentes fases.

---

[10] Tendo em vista a necessidade de aprofundar características, aspectos e dimensões dos indicadores, o próximo capítulo abordará o tema.

Os indicadores-chave foram agrupados por processo formativo ou no painel de indicadores, como pode ser observado na Figura 5.5 e na Tabela 5.2, a fim de permitir visualização dos principais resultados do projeto.

As informações exibidas no Painel de Indicadores referente à terceira fase permitem identificação do perfil dos participantes dos Grupos Gestores Locais (sexo, instrução e cor), atividades formativas (oficinas, eventos, comunicação e o total de atividades) e as incidências políticas (participações em espaços de controle social e propostas apresentadas, aprovadas e executadas pelo poder público). Os indicadores podem ser visualizados por município ou o total do projeto.

120 Gestão de Projetos Socioambientais na Prática

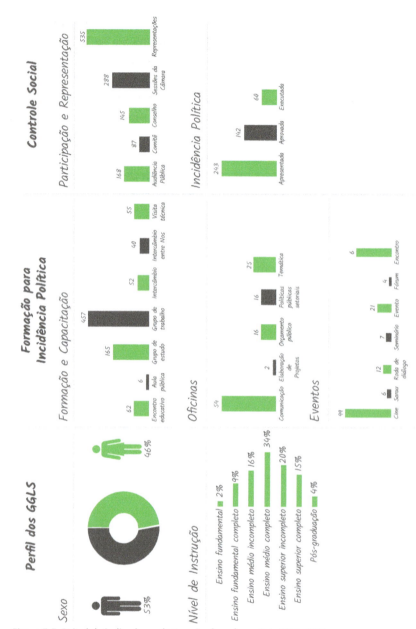

Figura 5.5. Painel de indicadores da terceira fase do projeto NEA-BC[11].
Fonte: Associação Raízes, 2020.

---

[11] Intercâmbio entre Nos: evento realizado entre os Grupos Gestores de diferentes municípios integrantes do Projeto NEA-BC com o objetivo de compartilhar as boas práticas sobre o controle social.

Processos de ensino aprendizagem	I Fase (2009 / 2012)	II Fase (2012 / 2015)	III Fase (2015 / 2018)
Diagnósticos	13 mapeamentos referentes às políticas públicas	13 mapeamentos referentes às políticas públicas	13 mapeamentos referentes às políticas públicas
Formativos	21 processos formativos (9 oficinas, 1 fórum, 1 oficina, 1 roda de diálogo, 6 cineclubes/cine debates, 3 grupos de estudos)	55 processos formativos (19 encontros educativos, 12 oficinas de comunicação, 6 cineclubes/cine debates)	566 processos formativos (28 encontros educativos, 69 oficinas de comunicação, 38 cineclubes/cine debates, 100 grupos de estudos, 110 eventos - seminários, fóruns, rodas de conversa, debates eleitorais e 221 grupos de trabalho)
Interventivos	7 propostas apresentadas ao poder público, 1 proposta aprovada ao poder público, 1 proposta executada pelo poder público	58 propostas apresentadas ao poder público, 8 propostas aprovadas ao poder público, 1 proposta executada pelo poder público	243 propostas apresentadas ao poder público, 88 propostas aprovadas ao poder público, 33 propostas executadas pelo poder público

Tabela 5.2. Processos educativos desenvolvidos de 2012 a 2018.
Fonte: Associação Raízes, 2019.

Os resultados em relação à participação na gestão pública têm se elevado a cada fase do projeto. Inicialmente, os comunitários não conseguiam efetivamente compor espaços de controle social ou obter o direito à fala (as audiências públicas nem sempre eram divulgadas, os conselhos gestores e comitês são espaços difíceis de proposição). Na primeira fase do projeto foram realizados 21 processos formativos que resultaram em sete propostas apresentadas, uma aprovada e uma executada pelo poder público. Enquanto na segunda fase do projeto foram realizados 55 processos formativos que resultaram em 58 propostas apresentadas, oito aprovadas e uma executada pelo poder público. Já na terceira fase, foram realizados 566 processos educativos, coadunando com 243 propostas apresentadas, 88 aprovadas e 33 executadas.

Conclusão

De acordo com o Programa Nacional de Educação Ambiental, o monitoramento e a avaliação são uma importante linha para mensuração de impactos da política pública de educação ambiental, por meio da criação e aplicação de indicadores que possibilitam monitorar e avaliar os seus programas, projetos e ações (BRASIL, 2005).

A participação de grupos sociais impactados pela indústria do petróleo e gás na gestão ambiental pública consiste em um desafio que exige estratégias diversificadas, como a identificação das questões ambientais, o fortalecimento da organização comunitária, processos político-pedagógicos e de controle social e incidência política. Todavia, a participação depende de como a democracia participativa encontra-se fortalecida no país e, principalmente, nos municípios.

Nesse sentido, as atividades político-pedagógicas e a gestão de projetos encontram-se entrelaçadas, à medida que os grupos e a equipe constroem conhecimentos voltados para a ação política com o objetivo de transformar as questões ambientais – por isso a importância do sistema de monitoramento e avaliação, bem como a gestão do projeto considerar a participação dos grupos, conforme preconiza a política de educação ambiental.

Pela experiência do projeto NEA-BC, a partir do Sistema de Monitoramento e Avaliação implementado pela Associação Raízes, as metodologias do Marco Lógico e do Modelo Lógico, assim como do Painel de Indicadores, é possível fazer o monitoramento gerencial e analítico de suas etapas, possibilitando a análise, correção e mensuração dos resultados para mitigação dos impactos ocasionados pela indústria do petróleo e gás. As atividades e os objetivos se ancoram no Programa de Educação Ambiental da Bacia de Campos e na Política Nacional de Educação Ambiental. As metodologias participativas, implementadas desde o planejamento até a sua avaliação, são construídas com todos os segmentos que compõem o PEA, associados, equipe e sujeitos da ação educativa.

Agora é a sua vez de exercitar os conhecimentos abordados no Capítulo 5. Você conheceu duas metodologias de gestão de projetos. Pensando em uma ideia que já teve, um problema que deseja solucionar ou um projeto em fase de planejamento, preencha as matrizes a seguir, a Matriz Marco Lógico e a Matriz do Modelo Lógico.

Descrição Geral	Indicador	Fonte	Riscos ou pressupostos
Objetivo Geral			
Objetivos Específicos			
Resultados			
Atividades			

_____
_____
_____
_____
_____

Matriz do Modelo Lógico

Lembre-se de que sua matriz é personalizada e pode realizar a conexão entre os componentes.

Insumos	Atividades	Processos	Resultados	Impactos

Após o preenchimento, reflita como foi sua experiência. Qual é a matriz de sua preferência?

_____
_____
_____
_____
_____

Referências bibliográficas

ASSOCIAÇÃO RAÍZES. **Plano de monitoramento e avaliação.** Campos dos Goytacazes, RJ, 2016.

ASSOCIAÇÃO RAÍZES. **Projeto Núcleo de Educação Ambiental da Região da Bacia de Campos.** Campos dos Goytacazes: Petrobras, Associação Raízes, 2019.

ASSOCIAÇÃO RAÍZES. **Projeto Político Pedagógico – Projeto Núcleo de Educação Ambiental da Bacia de Campos.** Campos dos Goytacazes: Petrobras, Associação Raízes, 2017.

BRASIL. **Caderno de estudos do Curso em Conceitos e Instrumentos para o Monitoramento de Programas.** Brasília, DF: Ministério do Desenvolvimento Social e Combate à Fome, Secretaria de Avaliação e Gestão da Informação, Secretaria Nacional de Assistência Social; Centro de Estudos Internacionais sobre o Governo, 2016.

BRASIL. **Caderno de Estudos do Curso em Conceitos e Instrumentos para a Avaliação de Programas.** Brasília, DF: Ministério do Desenvolvimento Social e Combate à Fome, Secretaria de Avaliação e Gestão da Informação; Secretaria Nacional de Assistência Social, 2015.

BRASIL. **Lei nº 6.938, de 31 de agosto de 1981.** Dispõe sobre a Política Nacional do Meio Ambiente, seus fins e mecanismos de formulação e aplicação, e dá outras providências. Brasília, DF: Presidência da República, 1981.

CAMPEÃO, P.; MISCALI, S. R. de S. Associativismo, participação e educação ambiental: uma proposta para o licenciamento ambiental. *In*: REIS, F. de A. R.; ARAUJO, I. R.; MISCALI, S. R. de S. (orgs.). **Educação Ambiental na Gestão Pública:** 10 anos de ação-reflexão-ação na região da Bacia de Campos. Campos dos Goytacazes, RJ: Petrobras, Associação Raízes, 2019.

COSTA, F. G. S. N. da. **Modelo Lógico:** instrumento de avaliação para a estratégia saúde da família no distrito federal. Universidade de Brasília, Faculdade de Planaltina, Programa de Pós-Graduação em Gestão Pública. Mestrado Profissional em Gestão Pública. Brasília: 2018.

DIAS, G. F. **Educação Ambiental:** princípios e práticas. 3.ed. São Paulo: Gaia, 1994.

FERREIRA, H.; CASSIOLATO, M.; GONZALEZ, R. **Uma experiência de desenvolvimento metodológico para avaliação de programas:** o modelo lógico do programa segundo tempo. Texto para discussão 1369. Brasília: IPEA, 2009.

FREIRE, P. **Ação cultural para a liberdade e outros escritos**. 14.ed. Rio de Janeiro: Paz e Terra, 2011.

GUIA PROJECT DPRO. **Gerenciamento de Projeto para Profissionais de Desenvolvimento (PMD Pro).** 2.ed. Mar. 2020.

INSTITUTO BRASILEIRO DO MEIO AMBIENTE E DOS RECURSOS NATURAIS RENOVÁVEIS – IBAMA. **Nota Técnica CGPEG/DILIC/IBAMA Nº 01/10, de 10 de fevereiro de 2010.** Brasília: IBAMA, 2010.

INSTITUTO BRASILEIRO DO MEIO AMBIENTE E DOS RECURSOS NATURAIS RENOVÁVEIS – IBAMA. **Instrução Normativa CGPEG/DILIC/IBAMA Nº 02/12, de 27 de março de 2012.** Brasília, DF: Diário Oficial da República Federativa do Brasil, 29 de março de 2012, Seção I, p. 130.

JANNUZZI, P. Monitoramento Analítico como Ferramenta para Aprimoramento da Gestão de Programas Sociais. **Revista Brasileira de Monitoramento e Avaliação**, n. 1, jan.-jun., 2011.

JANUZZI, P. M. Sistema de Monitoramento e Avaliação de Programas Sociais: revisitando mitos e recolocando premissas para sua maior efetividade na gestão. **Revista Brasileira de Monitoramento e Avaliação**, vol. 5, 2013.

ORTEGÓN, E.; PACHECO, J. F.; PRIETO, A. **Metodología del marco lógico para la planificación, el seguimiento y la evaluación de proyectos y programas.** Santiago de Chile: CEPAL/ILPES, 2005, p. 124 (Serie manuales; 42).

PFEIFFER, Peter. O Quadro Lógico: um método para planejar e gerenciar mudanças. Revista do Serviço Público, Brasília, Ano 51, n. 1, pp. 81-124, jan-mar/2000.

PEREIRA, Marcelo Sant'Anna. A utilização da matriz lógica em projetos sociais. **Pesquisas e práticas psicossociais**, São João Del-Rey, vol. 10, n. 2, dez. 2015, p. 327-339.

RODRIGUES, M. C. P. **Ação social das empresas privadas:** como avaliar resultados? A metodologia EP2 ASE. Rio de Janeiro: FGV, 2005.

QUINTAS, J. S. Educação no processo de gestão ambiental: uma proposta de educação ambiental transformadora e emancipatória. *In*: LAYRARGUES, P. P. (coord.). **Identidades da Educação Brasileira.** Brasília: MMA, 2004, p. 113-140.

QUINTAS, J. S. **Introdução à Gestão Ambiental Pública.** Brasília: IBAMA, 2006.

SILVA, M. O. da S. (org.) **Avaliação de Políticas e Programas Sociais:** teoria e prática. São Paulo: Veras, 2001.

VAITSMAN, J. Monitoramento e avaliação de programas sociais: principais desafios. *In*: MDS. **Concepção e gestão da proteção social não contributiva no Brasil.** Brasília: MDS, Unesco, 2009.

6. Indicadores para monitoramento e avaliação de projetos de educação ambiental aplicados à gestão pública

Sandra Rangel de Souza Miscali
Fabiana de Arruda Resende Reis
Rachel Carvalho

Introdução

A Política Nacional de Educação Ambiental (PNEA), em seu arcabouço normativo e filosófico, aponta em seus princípios e diretrizes a participação como elemento fundamental. Assim, se a educação ambiental (EA) consiste em um componente essencial e permanente da educação nacional, em todos os níveis e modalidades de ensino, tanto formal, quanto não formal, ela só se efetiva por meio da participação de indivíduos e grupos sociais, conforme preconiza a PNEA.

Ao considerar os projetos de educação ambiental, se faz necessária a criação de tempos e espaços dentro do ciclo de projetos que garantam a participação dos grupos sociais nos processos de ensino-aprendizagem, a fim de que os grupos sociais participantes construam por meio da reflexão e ação sua autonomia (FREIRE, 2013) e alcancem as transformações socioambientais necessárias. Nesse sentido, a educação ambiental crítica volta-se para a participação de grupos sociais na gestão ambiental pública por meio de uma educação libertadora, a fim de que alcancem a transformação social.

Se por um lado os processos de ensino-aprendizagem promovem a construção da autonomia dos grupos sociais em relação às questões ambientais por fomentar o processo de reflexão e ação, a mesma construção de autonomia se faz necessária em relação à gestão de projetos ambientais. Tanto a participação nos processos político-pedagógicos quanto a gestão de projetos são elementos fundamentais para os grupos sociais, e por isso são intrínsecos à execução de um projeto de educação ambiental crítica.

Nesse contexto, a criação de um conjunto de indicadores que monitorem e avaliem o projeto de EA a fim de medir, comparar e avaliar a realidade de forma concreta em suas múltiplas dimensões contribui para o processo de pensar global e agir local, à medida que a questão ambiental é dotada de complexidade e não se limita a uma relação de causa e efeito.

A construção de indicadores deve considerar as suas características, o momento do projeto, o método de planejamento e monitoramento elencado, a realidade a qual se busca transformar, além das metodologias participativas que viabilizem o debate e a construção com os grupos sociais participantes do projeto.

O objetivo deste capítulo consiste em debater a importância dos indicadores no monitoramento e na avaliação de projetos de educação ambiental. Para isso, em um primeiro momento por meio de uma revisão de literatura no campo das políticas públicas, abordaremos a taxonomia dos indicadores, tipos, características, dimensões e os momentos que devem ser empregados.

Em um segundo momento, adentraremos o campo das políticas públicas ambientais com foco na educação ambiental ao destacarmos princípios e diretrizes fundamentais para a execução de projetos na área, além da apresentação de dois sistemas de indicadores para educação ambiental no Brasil.

Por último, apresentaremos o estudo de caso acerca da experiência do Projeto Núcleo de Educação Ambiental da Região da Bacia de Campos, medida de mitigação referente à condicionante do licenciamento ambiental da Petrobras, exigida pelo Instituto Brasileiro do Meio Ambiente e dos Recursos Naturais Renováveis (IBAMA). A abordagem contemplará o arcabouço teórico metodológico, os indicadores construídos e a apresentação dos resultados, por recorte, desde o planejamento até a finalização do projeto.

Marco conceitual para a construção de indicadores

Os projetos de educação ambiental referentes aos processos de licenciamento das atividades de exploração e produção de petróleo e gás fomentam a participação qualificada dos grupos sociais na gestão ambiental, no contexto do licenciamento das medidas mitigadoras e compensatórias.

O sistema de monitoramento e avaliação constitui um elemento fundamental na análise dos resultados dos processos de ensino-aprendizagem e dos projetos de modo geral, compreendidos aqui enquanto parte da Política Nacional de Educação Ambiental e do Programa Nacional de Educação Ambiental.

A avaliação consiste em um aspecto importante a ser considerado nos projetos de educação ambiental, mas não deve se deter à verificação de aprendizagem tradicional voltada para a medição do conhecimento. Esse tipo de análise reduziria a educação ambiental à promoção de capacidades cognitivas para a mudança de comportamentos dos sujeitos, quando a educação ambiental crítica, ancorada na política pública de educação ambiental, propõe a construção de conhecimentos com os grupos sociais a partir dos problemas socioambientais (considerando as realidades globais e locais), suas soluções, as estratégias de intervenção e transformação da realidade.

Outro elemento fundamental consiste na delimitação de indicadores conforme o modelo de planejamento definido de acordo com o ciclo dos projetos: (1) diagnóstico do problema ou demanda; (2) planejamento; (3) execução; (4) monitoramento e avaliação[12]; e (5) finalização.

No modelo de gestão de projetos referente ao Marco Lógico, os indicadores funcionam como sinalizadores que expressam se as metas e os resultados foram alcançados conforme o planejamento inicial, orientado pelos objetivos. No Modelo Lógico, os indicadores estão organizados de acordo com o fluxo de gestão do projeto (insumo, atividades, produtos, resultados e impactos). Mas nos dois modelos, ou em qualquer outro, os indicadores são essenciais. Dito isso, a seguir serão explorados conceitos, tipos, dimensões e características dos indicadores.

Os indicadores constituem ferramentas capazes de identificar ou medir aspectos de uma realidade ou o resultado de uma intervenção, sendo um recurso metodológico que demonstra a evolução dos aspectos observados. Segundo Ferreira, Cassiolato e Gonzalez (2009, p. 24), "o indicador é uma medida, de ordem quantitativa ou qualitativa, dotada de significado particular e utilizada para organizar e captar as informações relevantes dos elementos que compõem o objeto da observação".

Logo, o indicador representa um valor que pode ser usado para medir e acompanhar tanto a evolução quanto os resultados dos projetos. Conforme essa "medida" muda, podem ser analisadas as transformações ou não decorrentes dos processos de ensino--aprendizagem. Todavia, é preciso compreender as características dos indicadores, a fim de construir ou delimitar um conjunto que contribua para a construção de um sistema.

---

[12] Neste trabalho se compreendem o monitoramento e a avaliação como transversais a todo o ciclo de projetos.

É importante destacar que o indicador, enquanto forma de medir a realidade, deve reunir as seguintes características: ser confiável, ser válido e apresentar-se em forma independente para cada objetivo e fase do projeto (CEPAL, 1997).

Os indicadores podem ser classificados de diversas formas, de acordo com o tipo ou natureza. Assim, auxiliam na formulação, na execução, no acompanhamento e na avaliação de projetos e ações. Destacam-se as classificações dos indicadores por sua natureza, área temática, complexidade, objetividade, gestão do fluxo de implementação de programas e avaliação de desempenho, conforme descrito a seguir (Tabela 6.1).

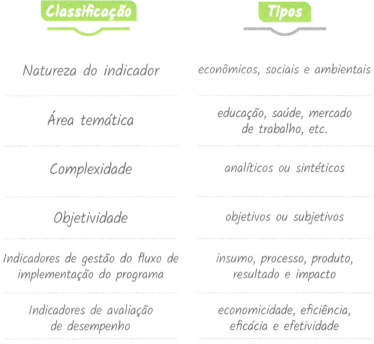

Classificação	Tipos
Natureza do indicador	econômicos, sociais e ambientais
Área temática	educação, saúde, mercado de trabalho, etc.
Complexidade	analíticos ou sintéticos
Objetividade	objetivos ou subjetivos
Indicadores de gestão do fluxo de implementação do programa	insumo, processo, produto, resultado e impacto
Indicadores de avaliação de desempenho	economicidade, eficiência, eficácia e efetividade

Tabela 6.1. Taxonomia dos indicadores.
Fonte: adaptado de Jannuzzi, 2005.

No que se refere à aplicação dos indicadores na gestão de projetos, fundamentada no Marco Lógico (Matriz Lógica, mais conhecida como ZOPP (*Ziel-Orientierte Projekt Planung* – em português, o termo foi traduzido para Planejamento de Projeto Orientado por Objetivos), os indicadores são organizados de acordo com objetivos e metas, conforme o modelo a seguir (Tabela 6.2):

Tabela 6.2. Estrutura da Matriz do Marco Lógico.
Fonte: adaptado de CEPAL, 1997.

A metodologia de Gestão do Fluxo de Implementação de Programas separa o indicador conforme sua aplicação nas políticas públicas e pode ser uma alternativa para a montagem de um painel de indicadores, pois permite monitorar e avaliar todos os fluxos do projeto e ainda a realização do monitoramento gerencial e analítico (Figura 6.1).

Figura 6.1. Gestão do Fluxo de Implementação do Programa.
Fonte: adaptado de Januzzi, 2005.

- **Insumo (*input indicators*)**: identifica os recursos a serem utilizados, sejam eles humanos, materiais ou financeiros.
- **Processo (*throughput indicators*)**: análise do empreendido no alcance dos resultados.
- **Produto (*output indicators*)**: identifica o alcance de metas físicas.
- **Resultado (*outcome indicators*)**: demonstra os benefícios das ações realizadas pelo programa aos participantes.
- **Impacto (*impact indicators*)**: afere os efeitos do programa na sociedade (JANUZZI, 2005).

O monitoramento gerencial (JANUZZI, 2011) realizado no decorrer dos meses, ano e no fechamento do projeto está voltado para os processos, enquanto atividades geram produtos a partir de determinados insumos. A partir dele é possível reformular as estratégias, caso seja necessário.

Por sua vez, o monitoramento analítico (JANUZZI, 2011) está preocupado com os resultados e impactos do projeto. Assim, a produção regular das informações permitirá avaliar os resultados e os efeitos do programa em um determinado tempo e território. Por isso, é necessário eleger um conjunto de indicadores observáveis a curto, médio e longo prazo a fim de construir uma série histórica.

Os indicadores, segundo a avaliação de desempenho, consideram os recursos alocados e os resultados alcançados. Os indicadores podem ser de economicidade, eficiência, eficácia e efetividade (BRASIL, 2014).

> **Economicidade:** afere os gastos realizados na obtenção dos insumos necessários para a execução da ação: recursos humanos, equipamentos, materiais etc.
> **Eficiência:** reflete a relação entre o produzido e os meios utilizados. Aumenta quando mais serviços são produzidos com a mesma quantidade de insumos ou quando os mesmos serviços são produzidos com menor quantidade de recursos.
> **Eficácia:** demonstra o grau de alcance das metas estabelecidas.
> **Efetividade:** mede os efeitos da intervenção; afere se houve mudanças decorrentes dos resultados da política.

Por último, em relação à classificação, cada indicador deve especificar os meios de verificação, ou seja, revelar as fontes de informação de onde foram obtidas. Estas podem ser primárias – internas ao projeto – ou secundárias – como as estatísticas oficiais (CEPAL, 1997).

A metodologia do painel de indicadores é uma ferramenta a ser considerada no processo de monitoramento e avaliação, pois reúne indicadores de acordo com critérios acerca do que e como será retratado. Por isso, a seleção de indicadores consiste em um elemento essencial para o êxito na metodologia.

Após explorar os principais tipos e características de indicadores e a aplicabilidade no gerenciamento do projeto, a próxima seção abordará a intercessão com as políticas públicas ambientais, em especial as de projetos de educação ambiental.

Indicadores na educação ambiental enquanto política pública

A criação de indicadores para projetos de educação ambiental deve considerar vários fatores: a política pública atrelada a eles, o modelo de gestão selecionado, as etapas e fases do projeto, as questões e os conflitos socioambientais a serem enfrentados, as transformações almejadas, a participação social, dentre outros.

De modo geral, os projetos de educação ambiental devem estar em consonância com as políticas públicas para o segmento. O estudo de caso abordado na próxima seção apresenta a experiência de um projeto com indicadores de monitoramento e avaliação ligados ao licenciamento ambiental – por isso, a importância de conhecer, ainda que de forma breve, os seus principais marcos normativos.

Nesse sentido, a Constituição de 1988 garante no art. 225 que todos têm direito ao meio ambiente equilibrado, pois se trata de bem de uso comum e essencial à qualidade de vida. Trata-se de um dever defendê-lo e preservá-lo, tanto o poder público quanto a coletividade, para as atuais e futuras gerações. O parágrafo primeiro preconiza que fica incumbido ao poder público no inciso VI "promover a educação ambiental em todos os níveis de ensino e a conscientização pública para a preservação do meio ambiente" (BRASIL, 1988).

A educação ambiental consiste em direito constitucional e está assegurada em todos os níveis de ensino. A fim de compreender como as demais políticas tratam e implementam ações para a garantia desse direito destaca-se a Política Nacional de Meio Ambiente (Lei nº 6.938, de 31 de agosto de 1981) ao apontar os princípios no art. 2º, inciso X "educação ambiental a todos os níveis de ensino, inclusive a educação da comunidade, objetivando capacitá-la para participação ativa na defesa do meio ambiente" (BRASIL, 1981). Além dos níveis de ensino assegurados na Constituição, na PNMA se inclui a educação comunitária como princípio da política.

A Política Nacional de Educação Ambiental (Lei nº 9.795, de 27 de abril de 1999) e o decreto nº 4.281/2002 estabelecem o direito à educação ambiental enquanto "componente essencial e permanente da educação nacional, devendo estar presente em todos os níveis e modalidades do processo educativo, em caráter formal e não formal" (BRASIL, 1999). Assim, reforça os níveis e inclui as modalidades de ensino. A responsabilidade pela execução da PNEA foi distribuída entre o poder público, as entidades educativas, as instituições privadas e a sociedade. No que se refere aos princípios, destaca-se o caráter humanístico, participativo e democrático, além do pluralismo de ideias e a concepção do meio ambiente voltada para sua totalidade.

O Programa Nacional de Educação Ambiental teve sua quinta edição lançada em 2018 e representa um marco na implementação da política pública, pois apresenta diretrizes, princípios, visão, missão, objetivos, público e linhas de ação que orientam a educação ambiental no Brasil "assegurando, de forma integrada e articulada, o estímulo aos processos de mobilização, formação, participação e controle social das políticas públicas ambientais, em sinergia com as demais políticas federais, estaduais e municipais, desenvolvidas pelo Sistema Nacional de Meio Ambiente" (BRASIL, 2018, p. 13). Em relação às suas diretrizes, abordam quatro eixos: transversalidade, fortalecimento do Sisnama (Sistema Nacional de Meio Ambiente), sustentabilidade e participação e controle social.

No que se refere à educação ambiental no licenciamento federal, o ProNEA, dentro da Linha Gestão e Planejamento da Educação Ambiental, aponta diretrizes voltadas para a educação ambiental nos projetos públicos e privados que causem impactos socioambientais; a incorporação da educação ambiental nos planos de mitigação de exigência técnica para médios e grandes empreendimentos; além da inserção do termo de referência nos processos licitatórios, programas e projetos de educação ambiental.

No caso do licenciamento ambiental para a exploração de petróleo e gás[13], foco deste estudo de caso, o IBAMA, por meio da Nota Técnica CGPEG/DILIC/IBAMA 001/10, propõe diretrizes para elaboração, execução e divulgação dos programas de educação ambiental desenvolvidos regionalmente por bacia de produção de petróleo e gás. O documento aponta, entre outros aspectos, as linhas de atuação para os projetos de educação ambiental a compor o programa.

Dando sequência às orientações para os projetos de educação ambiental no licenciamento ambiental das atividades de exploração de petróleo e gás, a Instrução Normativa IBAMA 002/12 aponta as bases técnicas para programas de educação ambiental apresentados como medidas mitigadoras ou compensatórias. O documento orienta sobre os dois principais componentes dos programas de educação ambiental, além de apontar diretrizes para os processos de ensino-aprendizagem com os devidos públicos prioritários ancorados em metodologias participativas e para a comunicação.

Assim, a PNMA e o ProNEA destacam a participação como elemento fundamental para a educação ambiental. No caso do Programa de Educação Ambiental no licenciamento ambiental das atividades de petróleo e gás, tanto a Nota Técnica CGPEG/

---

[13] Cada área do licenciamento ambiental construiu diretrizes específicas para os projetos de educação ambiental. Isso quer dizer que as diretrizes no licenciamento para a exploração de petróleo e gás não se aplicam à exploração de minérios, por exemplo.

DILIC/IBAMA 001/10 quanto a Instrução Normativa IBAMA 002/12 orientam sobre a participação e o controle social dos grupos prioritários na gestão ambiental pública, além da necessidade de participação nas diferentes fases dos projetos.

Como pensar indicadores para projetos de educação ambiental? Como retratar a realidade e os resultados de um projeto que visa transformações por meio da organização de grupos sociais? Não há uma fórmula mágica. No entanto, a partir dos elementos construídos no Capítulo 5 e na seção anterior é possível destacar alguns aspectos relevantes.

Planejamento diagnóstico do projeto – Indicadores primários e secundários vão contribuir para o diagnóstico socioambiental que fomentará a criação de estratégias para ação coletiva dos grupos. Combinar indicadores secundários ambientais (quatro dimensões: ambiental, social, econômica e institucional) com primários, advindos dos grupos por meio de metodologias participativas, auxiliará no levantamento das questões socioambientais (avaliação *ex ante*).

Construção com os grupos na elaboração do projeto – Após a delimitação das questões socioambientais, planejar os objetivos, as ações, os recursos e o tempo em que serão realizadas fortalece a organização dos grupos na gestão do projeto e permite a criação de indicadores de processo, produto e resultados segundo as expectativas e possibilidades de intervenção dos sujeitos prioritários e das demais partes interessadas.

Gestão compartilhada na execução do projeto – Os grupos planejam e executam os processos de ensino-aprendizagem com a mediação dos educadores e da equipe gestora. Nesse sentido, consideram a realidade que os cerca, as metas, o orçamento e os resultados que desejam alcançar.

No monitoramento e avaliação do projeto – A partir dos indicadores criados com os grupos no momento do planejamento, a coleta e a análise de dados também podem ser partilhadas de forma sistêmica. Enquanto os grupos executam o orçamento ao realizar as atividades, devem verificar as metas e o cronograma previsto. Caso sejam necessários ajustes, tendo em vista a dinâmica da realidade, as equipes mediam com os grupos para a reflexão e tomada de decisão.

Não se deve aguardar o final do projeto para realizar a avaliação, pois pode ser feita a cada trimestre, semestre, ano ou de acordo com a proposta consolidada, a fim de analisar se os objetivos construídos estão sendo alcançados, mesmo que parcialmente. Não há como obter resultados diferentes mantendo as mesmas estratégias, e por isso os indicadores são importantes: para avaliar se a opção foi a melhor para alcançar as transformações necessárias.

Avaliar os resultados é uma etapa crítica ao final do projeto. As análises contribuirão para avaliar o alcance das intervenções realizadas pelo grupo e o desempenho do projeto enquanto política pública. Caso o projeto tenha continuidade, construir indicadores de resultado e impacto que possam ser aferidos em diferentes fases permitirá a realização do monitoramento analítico e, assim, seu acompanhamento e comparação ao longo dos anos.

O projeto político-pedagógico está intrinsecamente associado à gestão de projetos de educação ambiental, pois um complementa o outro, à medida que todas as etapas do projeto fazem parte do processo de ensino-aprendizagem dos grupos sociais e das equipes envolvidas. Se educação envolve reflexão e ação, o projeto deve refletir como os grupos sociais organizarão as atividades educativas para alcançar as intervenções almejadas, e isso não se faz por eles, mas com eles.

O modo como um determinado tema é abordado em projeto de educação ambiental define tanto a concepção pedagógica quanto o entendimento sobre a questão ambiental assumido na proposta (QUINTAS, 2004). Assim, devem ser estabelecidos indicadores e critérios de avaliação que considerem as diretrizes e finalidades consolidadas pelas políticas públicas e pelas questões ambientais apontadas pelos sujeitos com vistas à transformação.

Após obter a compreensão dos tipos e características dos indicadores, apreendidos sobre os momentos de monitoramento e avaliação, é necessário definir as dimensões que devem ser monitoradas e avaliadas. Nesse sentido, serão apresentados dois sistemas de indicadores direcionados para as políticas públicas de educação ambiental: indicadores de monitoramento e avaliação da Plataforma Brasileira de Avaliação e Monitoramento de Projetos e Políticas Públicas de Educação Ambiental e os indicadores criados para compor o sistema de monitoramento e avaliação do Programa de Educação Ambiental da Bacia de Campos.

A Articulação Nacional de Políticas Públicas de Educação Ambiental (ANPPEA), após realizar um processo de participação com vários segmentos da educação ambiental brasileira, formulou um conjunto de indicadores (RAYMUNDO; BRANCO; BIASOLI, 2019) e a plataforma que compõe o sistema MonitoraEA (FUNBEA, 2019). O sistema encontra-se em consonância com o monitoramento e a avaliação de políticas públicas preconizadas pelo Programa Nacional de Educação Ambiental (2018).

O sistema de monitoramento e avaliação apresenta 27 indicadores agrupados em oito dimensões com o objetivo de monitorar e avaliar as políticas públicas de educação ambiental, apontando como recorte territorial unidades federativas, municípios, perímetros urbanos, bairros, perímetros e unidades de conservação (Figura 6.2).

As dimensões elencadas apresentam eixos norteadores para o monitoramento e a avaliação que podem ser considerados no período da elaboração de projetos de educação ambiental com o objetivo de atuar conforme as políticas públicas brasileiras.

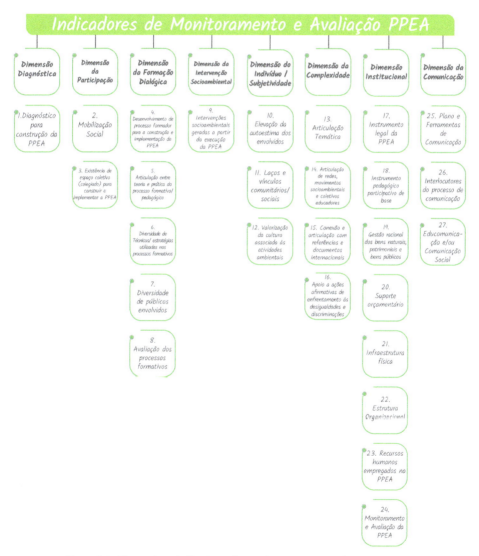

Figura 6.2. Dimensões e indicadores de monitoramento e avaliação de PPEA.
Fonte: adaptado de Raymundo, Branco e Biasoli, 2019.

Se o processo de gestão é complexo, a concepção pedagógica subjacente à organização dos processos de ensino-aprendizagem deve ser coerente com essa evidência (QUINTAS, 2004). A multidimensionalidade, por sua vez, resgata as noções de multiplicidade, diversidade, inseparabilidade, antagonismo e complementariedade que compõem a complexidade da própria vida e, consequentemente, da educação e da questão ambiental. Rompe, portanto, com as interpretações reducionistas, fragmentadas, mutiladoras e unidimensionais da realidade.

Morin (1990), em sua teoria da complexidade, ressalta a importância de distinguirmos as diversas dimensões da realidade, mas de jamais separá-las. Ao contrário, importa integrá-las e considerar os efeitos de seu mútuo relacionamento. Com relação à educação para o ambiente, isso significa analisar as influências de todos os aspectos sociais, culturais, econômicos, políticos, ecológicos, técnicos e éticos, entre outros, que intervêm dinamicamente em seu campo teórico-prático (PETRAGLIA, 1995).

Ao considerar a complexidade referente à questão ambiental, o IBAMA construiu de forma participativa com as operadoras e as equipes executoras dos PEAs o Modelo de Avaliação de Projetos de Educação Ambiental no âmbito do licenciamento federal de petróleo e gás. É composto por um conjunto de vinte indicadores agrupados seguindo critérios de avaliação de desempenho (Figura 6.3).

Os indicadores estão pautados nas legislações vigentes para a educação ambiental no Brasil, bem como as diretrizes e os princípios referentes ao Programa de Educação Ambiental no âmbito do licenciamento ambiental federal de petróleo e gás conduzido pelo IBAMA.

Neste caso, os projetos de mitigação ou compensação compõem as condicionantes de licenciamento e, como visto anteriormente, visam a construção de processos de ensino-aprendizagem com grupos sociais afetados pelos impactos da indústria, a fim de que possam mitigá-los por meio da participação na gestão ambiental pública.

Indicadores referentes ao modelo de avaliação de projetos de educação ambiental no âmbito do licenciamento federal de petróleo e gás

Eficiência

1. Atendimento aos Critérios Conceituais e Metodológicos de Planejamento Geral do Projeto (estrutura e etapas)

2. Atendimento aos Critérios Conceituais e Metodológicos de Planejamento do Processo Ensino/Aprendizagem

3. Qualidade do diagnóstico

4. Qualidade das Ações de Mobilização

5. Qualidade da Implementação do PEA

6. Qualidade do processo de produção do conhecimento no âmbito do PEA

7. Cumprimento do cronograma físico-financeiro do Projeto

Eficácia

8. Atendimento às expectativas e necessidades dos sujeitos abrangidos pelo PEA alinhadas ao seu escopo segundo a Equipe Executora (empresa e consultoria) do PEA

9. Atendimento às expectativas e necessidade dos sujeitos abrangidos pelo PEA alinhadas ao seu escopo segundo os próprios sujeitos

10. Construção de competências voltadas para a participação e controle social na gestão ambiental

11. Atendimento às necessidades de preservação e respeito ao legado e identidade cultural dos grupos sociais

12. Realização de eventos de disseminação das informações sobre as questões socioambientais afetas aos sujeitos abrangidos pelo PEA, incluindo demais temáticas pertinentes, no âmbito das intervenções implementadas como desdobramentos do PEA

13. Adequação da disseminação das informações sobre as questões socioambientais afetas ao PEA e demais temáticas socioambientais pertinentes (conflitos e riscos da cadeia produtiva do petróleo)

Efetividade

14. Utilização de recursos naturais de forma compartilhada, eficiente e sem desperdícios

15. Elaboração de intervenções como desdobramento do PEA

16. Intervenções implementadas como desdobramentos do PEA

17. Criação e/ou fortalecimento de grupos organizados – comunitários, profissionais, institucionais, associações, cooperativas, comitês, entre outros

18. Qualidade da participação organizada dos sujeitos integrantes do PEA nos grupos organizados

19. Ações de melhoria socioambiental decorrentes da participação comunitária

20. Proposição, mudança e/ou criação de políticas públicas, viabilizando o acesso a direitos que redundem na melhoria da qualidade de vida dos grupos vulneráveis.

Figura 6.3. Indicadores para planejamento, implementação, monitoramento e avaliação de projetos de educação ambiental no âmbito do licenciamento ambiental federal de petróleo e gás.
Fonte: OGPAR/PUC, 2019.

Construção e implementação de indicadores no Projeto Núcleo de Educação Ambiental da Região da Bacia de Campos

Até aqui exploramos as características e os tipos de indicadores, bem como dois sistemas de indicadores criados a fim de orientar a elaboração, a implementação, o monitoramento e a avaliação de projetos. Todavia, como articular todos os elementos no monitoramento e na avaliação de projetos de educação ambiental na busca por mensurar resultados concretos?

Para um exercício acerca da criação e aplicação de indicadores, optou-se pelo estudo de caso referente ao projeto Núcleo de Educação Ambiental da região da Bacia de Campos – projeto de mitigação das atividades de petróleo e gás da empresa Petrobras, condicionante do Ibama, executado pela Associação Raízes em 13 municípios na região da baixada litorânea e norte fluminense que compõem as Bacias de Campos e Santos: São Francisco de Itabapoana, Campos dos Goytacazes, São João da Barra, Carapebus, Quissamã, Macaé, Rio das Ostras, Casimiro de Abreu, Cabo Frio, Armação dos Búzios, Arraial do Cabo, Saquarema e Araruama.

A partir do levantamento de dados obtidos por meio do sistema de monitoramento e avaliação da Associação Raízes referente às três fases de execução do projeto – a saber: primeira fase (2009-2012), segunda fase (2012-2015) e terceira fase (2015-2020) – serão apresentados métodos, técnicas e aplicações dos indicadores a fim de aferir resultados concretos do projeto.

Como apresentado no capítulo anterior, na elaboração do projeto utilizou-se o marco lógico, cuja essência consiste na elaboração de atividades, indicadores, dentre outros, baseados nos objetivos geral e específicos. A metodologia é reconhecida tanto pela empresa quanto pelo IBAMA e atende às especificações normativas sobre os projetos de educação ambiental referentes ao licenciamento de petróleo e gás.

Ao utilizar o Marco Lógico, destaca-se o cuidado para que os objetivos específicos não fiquem isolados e percam o caráter de complementaridade. Por exemplo, se os projetos de educação ambiental pertencentes ao programa de educação ambiental têm como objetivo fomentar a participação de grupos sociais na gestão ambiental pública na mitigação de impactos, no mínimo, o diagnóstico precisa estar conectado aos processos de ensino-aprendizagem agrupados em um objetivo específico, que deve estar conectado com o objetivo que reúne as atividades de intervenção na realidade. Esse processo é fundamental para criar um elo entre o projeto político-pedagógico voltado para a reflexão e ação sobre as questões socioambientais e a gestão de projetos.

No caso do NEA-BC, os objetivos específicos foram elaborados em consonância com o objetivo geral do projeto e com base nas questões apontadas no Diagnóstico Participativo realizado antes da sistematização do projeto, que apontou a baixa participação da sociedade civil nos processos de licenciamento ambiental (Figura 6.4).

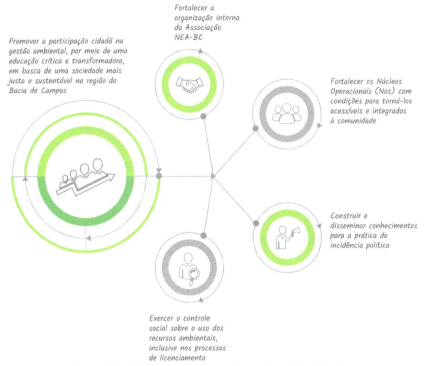

Figura 6.4. Objetivos gerais e específicos do projeto NEA-BC.
Fonte: adaptado de Associação Raízes, 2015.

As atividades foram agrupadas a partir da articulação entre os objetivos, que se inicia com a formação/fortalecimento de 13 Grupos Gestores Locais, um em cada município, bem como dos Núcleos Operacionais, que deverão apresentar condições para realização de pesquisas e organização dos grupos no desenvolvimento da ação sobre as políticas públicas prioritárias, que foram validadas com base nos impactos da indústria do petróleo e gás no diagnóstico. Para alcançar a justiça socioambiental, os grupos buscam conhecimento sobre as políticas públicas prioritárias e as transversais à gestão ambiental e as formas de intervenção, a fim de participar de espaços de controle social e apresentar propostas de incidência política.

Na interação entre indicadores e Marco Lógico, outro ponto envolve a relação entre causa e efeito para preenchimento da matriz. A questão ambiental é complexa, não se limita às relações de causa e efeito. Conforme Santos (2005) preconiza, é necessário compreender o global e agir local, e, além disso, perceber as várias contradições que podem estar implícitas ou explícitas nas realidades locais. Por isso, considerar metodologias participativas combinadas com indicadores secundários permite articular a totalidade e as especificidades das questões socioambientais locais.

Ao compreender os limites do Marco Lógico, utilizou-se a matriz referente ao Modelo Lógico de forma complementar para se obter um olhar mais integrado das ações com os resultados e impactos. A Matriz Lógica permite o planejamento do projeto considerando a interação entre os seus elementos.

A fim de potencializar a análise dos resultados, um Painel de Indicadores foi incluído no Plano de Monitoramento e Avaliação. Como a versão inicial do projeto apresentava um volume maior de indicadores de processo, optou-se pela inclusão de indicadores de resultado conforme a Figura 6.5.

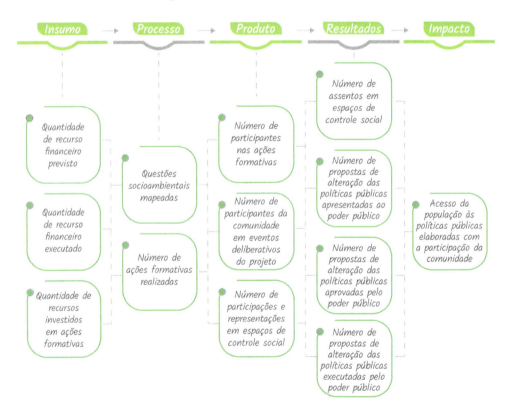

Figura 6.5. Gestão do Fluxo de Implementação de Programas.
Fonte: Associação Raízes, 2019.

A associação das duas metodologias permitiu a criação de indicadores a serem acompanhados desde o início do projeto (2009) até a atualidade, de modo que tanto realizou-se o monitoramento gerencial (insumos, processos e produtos) – acompanhamento das atividades do projeto – quanto o analítico (resultados e impactos) – acompanhamento e análise comparativa dos indicadores ao longo dos anos.

A partir do painel de indicadores são gerados gráficos que permitem acompanhar e analisar ações, resultados e impactos do projeto. No que se refere à avaliação, várias pesquisas podem ser realizadas a fim de potencializar as intervenções dos participantes e disseminar as tecnologias sociais construídas de forma participativa (Tabela 6.3).

Dimensão	Indicador	Desagregação geográfica	Periodicidade
Insumo	Quantidade de recurso financeiro previsto	Município/Bacia de Campos	Mensal
Insumo	Quantidade de recurso financeiro executado	Município/Bacia de Campos	Mensal
Insumo	Quantidade de recursos investidos em ações formativas	Município/Bacia de Campos	Mensal
Processo	Questões socioambientais mapeadas	Município/Bacia de Campos	Mensal
Processo	Número de ações formativas realizadas	Município/Bacia de Campos	Mensal
Produto	Número de participantes nas ações formativas	Município/Bacia de Campos	Mensal
Produto	Número de participantes da comunidade em eventos deliberativos do projeto	Município/Bacia de Campos	Mensal
Produto	Número de participações e representações em espaços de controle social	Município/Bacia de Campos	Mensal
Resultado	Número de assentos em espaços de controle social	Município/Bacia de Campos	Semestre
Resultado	Número de propostas de alteração das políticas públicas apresentadas ao poder público	Município/Bacia de Campos	Semestre
Resultado	Número de propostas de alteração das políticas públicas aprovadas pelo poder público	Município/Bacia de Campos	Semestre
Resultado	Número de propostas de alteração das políticas públicas executadas pelo poder público	Município/Bacia de Campos	Semestre
Impacto	Acesso da população às políticas públicas elaboradas com a participação da comunidade	Município/Bacia de Campos	Biênio

Tabela 6.3. Painel de indicadores organizados por Gestão do Fluxo de Implementação de Programas.
Fonte: Associação Raízes, Sistema de M&A do Projeto NEA-BC (III Fase), 2019.

A construção dos indicadores se deu em um Grupo de Trabalho, que desenvolveu profícuo debate sobre participação e como mensurá-la. O desafio foi analisar de forma concreta o alcance dos objetivos do Programa de Educação Ambiental da Bacia de Campos e do Projeto NEA-BC no que se refere à participação dos grupos impactados na gestão ambiental pública.

Para isso, delimitou-se o que era participação do ponto de vista conceitual e empírico, pois o projeto criou tecnologias sociais baseadas na educação popular para tratar de temas de difícil compreensão e associá-los ao controle social e à incidência política. O arcabouço teórico-metodológico era pautado até então na compreensão da política, segundo Oliveira (2007, p. 15), no sentido de Ranciére, enquanto "a reclamação da parte daqueles que não têm parte, e por isso se constitui em dissenso" estava atrelada à participação para o exercício da cidadania, entendida enquanto a redistribuição de poder que permite aos cidadãos, atualmente excluídos dos processos políticos e econômicos, serem ativamente incluídos no futuro (ARNSTEIN, 2002).

Além de definir o conceito de participação, Arnstein (2002) definiu uma escala de participação com degraus, a fim de simular os níveis reais de participação na esfera da administração pública. Ao observar os degraus classificados, pode-se concluir que nem sempre as intervenções realizadas em espaços de controle social e participação se traduzirão em processo de tomada de decisão do poder público, pautado nas demandas levadas pelos cidadãos. Dos oito degraus, apenas três colocam ambos – cidadãos e gestor público – em esferas igualitárias de poder; os demais variam a partir do nível de mediação do Estado para "acalmar" o cidadão (Figura 6.6).

O processo de incidência política é complexo à medida que envolve vários aspectos por parte da sociedade civil, capacidade de avaliar as diferentes forças e disputas, as estratégias necessárias, os conhecimentos a serem apreendidos acerca das políticas públicas e das formas de participação, entre outros.

Nem sempre um conjunto de esforços dos Grupos Gestores Locais lhes permitiu chegar à meta final, ao alcance de uma determinada política pública para melhoria das condições de vida da comunidade. Assim, foi necessário ser resiliente e seguir com o processo. A cada etapa, se identificou o ganho de força e legitimidade que permitiu aos grupos lograrem resultados no futuro.

Figura 6.6. Os degraus da participação.
Fonte: Arnstein, 2002.

Após a garantia de espaços de participação, além do ganho de legitimidade perante o poder público, o aprofundamento de conhecimento acerca das políticas públicas sobre as quais era necessário incidir se desdobrou a partir de vários processos educativos: diagnósticos, formativos e interventivos. Nos processos diagnósticos, destacam-se o mapeamento das políticas públicas (mapas falados, pesquisas, levantamentos); nos formativos, inserem-se atividades para a construção e disseminação de conhecimento tanto do GGL como na comunidade (grupos de estudo, seminários, cineclubes e oficinas); e nos interventivos (fóruns, representação em conselhos/comitês/comissões, conferências, audiências públicas), as atividades de incidência política.

Assim, após a delimitação conceitual e os processos de reflexão e ação, partiu-se para as análises e construção dos indicadores a fim de subsidiar a avaliação *ex post*. Nos Planos de Trabalho de cada núcleo consta a meta elaborada por cada GGL para a apresentação de propostas ao poder público. No entanto, como aponta a teoria de Arnstein (2002), apenas a escuta não garante o processo de participação e transformação da realidade.

Ao final dos três anos da primeira fase, foram apresentadas sete propostas ao poder público, das quais uma foi aprovada e executada. Nesse caso, a proposta aprovada refere-se à mobilização e ao diálogo com o executivo de Macaé. Nela, o GGL por meio de uma comissão formada com demais grupos da sociedade civil reivindicou a ampliação da extensão territorial do bairro da Virgem Santa, no Plano Diretor do município. Após várias reuniões, o executivo incorporou a proposta do grupo e ampliou em cinco vezes o território planejado inicialmente, mantendo a identidade e o território do bairro (Figura 6.7).

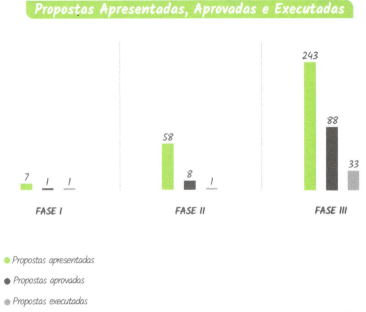

Figura 6.7. Propostas apresentadas, aprovadas e executadas nas três primeiras fases.
Fonte: Associação Raízes, 2019.

Na segunda fase, apesar do aumento de sete para 58 propostas apresentadas e de uma para oito propostas aprovadas, apenas uma foi executada pelo poder público. Denota-se um aumento da proposição e aprovação de propostas em relação à anterior, mas é perceptível a baixa execução por parte do poder público. Em relação à política pública executada, após uma reunião com o prefeito de Carapebus, o grupo alcançou a reivindicação da implementação de uma linha de transporte público entre a área rural do Fundão e o centro da cidade.

Na terceira fase, verificam-se os resultados dos esforços das duas Fases anteriores, somados à diversificação de estratégias e ao aumento da legitimidade dos grupos em seus respectivos municípios e regiões. Verifica-se um aumento significativo tanto das propostas apresentadas quanto das propostas aprovadas e executadas.

No intuito de medir a efetividade do projeto no que se refere à participação na gestão ambiental pública, foram criados índices a fim de avaliar as fases do NEA-BC ao longo dos seus dez anos de atuação, conforme podemos analisar nas equações a seguir (ASSOCIAÇÃO RAÍZES, 2016).

$$\frac{N^{\circ} \, de \, propostas \, aprovadas}{N^{\circ} \, de \, propostas \, apresentadas} = 0 \, a \, 1$$

$$\frac{N^{\circ} \, de \, propostas \, executadas}{N^{\circ} \, de \, propostas \, aprovadas} = 0 \, a \, 1$$

Vale destacar que o índice não afere o número de propostas de incidência política ao longo dos anos, mas a relação entre as proposições, tendo em vista o cenário ideal entre apresentação, aprovação e execução de propostas realizadas pelos Grupos Gestores Locais. Para uma avaliação acerca da eficiência e eficácia, todos os núcleos apresentaram propostas para além das metas estabelecidas, dentro dos custos e prazos previstos. No índice de propostas aprovadas a efetividade é medida por meio da razão entre as propostas aprovadas e apresentadas. O índice vai de 0 a 1: quanto mais próximo de 1, maior a relação entre propostas aprovadas para o número de apresentadas. No índice de propostas executadas a efetividade é medida por meio da razão entre as propostas executadas e aprovadas. O índice vai de 0 a 1: quanto mais próximo de 1, maior a relação entre propostas executadas para o número de aprovadas (Tabela 6.4).

Tipo	Fase I	Fase II	Fase III
Apresentadas/aprovadas	0,14	0,14	0,36
Aprovadas/executadas	1,00	0,13	0,37

Tabela 6.4. Índice de propostas apresentadas e aprovadas.
Fonte: Associação Raízes, 2019.

A tabela anterior deve ser analisada juntamente à Figura 6.7, tendo em vista o número de proposta apresentadas em cada fase. Assim, na Fase I verificamos que o índice de propostas aprovadas foi de 0,14 enquanto o de executadas foi igual a 1. Percebe-se a distância entre as propostas apresentadas e aprovadas, apesar das executadas alcançarem o índice 1, pois uma única proposta aprovada foi executada. Na Fase II, os dois índices situaram-se em 0,13 e 0,12, evidenciando um aumento na proporcionalidade entre as propostas, à medida que, das 58 apresentadas, oito foram aprovadas e uma executada.

Na Fase III, os índices encontram-se em 0,36 para as propostas aprovadas e 0,37 para as executadas, demonstrando a mudança na relação entre elas, pois foram 243 apresentadas, 88 aprovadas e 33 executadas, aumentando a proporção de propostas apresentadas, aprovadas e executadas (Tabela 6.5).

Núcleo	Proposta Executada
Araruama	Inclusão de informações no Plano Diretor acerca dos resíduos de cemitério (necrochorume e gases).
Armação dos Búzios	Construção dos capítulos de controle social e regulação dos serviços de saneamento básico no município com base em minuta elaborada pelo NEA-BC em parceria com o SOS Saneamento na Política Municipal de Saneamento Básico.
Arraial do Cabo	Proposta de ampliação da participação social, por meio da democratização na escolha de conselheiros com edital de convocação prévio e metodologia de GTs na conferência municipal de saúde.
Cabo Frio	Em respostas à despoluição da Lagoa de Araruama, a Agenersa multou a empresa concessionária e determinou a obrigatoriedade de investimento na recuperação ambiental da praia do Siqueira.
Campos dos Goytacazes	Inclusão no Plano Plurianual e na Lei Orçamentária Anual da implantação de rede de Estação e tratamento de Esgoto na localidade da Vila dos Pescadores e Lagoa do Sapo (Farol de São Tomé).
Carapebus	Implementação dos portais de transparência da Câmara Municipal e fornecimento da legislação orçamentária mediante solicitação formal.
Macaé	Realização de nova audiência pública para debater o projeto de Lei de Diretrizes Orçamentárias com a comunidade.
Quissamã	Abertura de canal para o Orçamento Participativo por meio do site da Prefeitura.
Rio das Ostras	Criação de uma autarquia para gerenciar o Saneamento Básico do município.
São Francisco de Itabapoana	Criação do Conselho Municipal de Juventude.
São João da Barra	Adesão ao Sistema de Informatização e Modernização do Parque Tecnológico da Secretaria Municipal de Saúde; limpeza e manutenção dos rios e canais fluviais do 5º distrito.
Saquarema	Disponibilização do projeto de lei referente à Lei de Diretrizes Orçamentárias (2019) no site antes da realização da audiência pública.

Tabela 6.5. Incidências alcançadas pelos Grupos Gestores Locais na terceira fase por município.
Fonte: Associação Raízes, 2019.

Em relação aos degraus de participação de Arsntein (2002), avalia-se, por meio da relação entre propostas apresentadas/aprovadas/executadas, o aumento durante os anos, à medida que os Grupos Gestores têm se apropriado dos espaços de participação e conseguido escalar os degraus, ainda que de forma lenta e gradual, com salto para a última fase. Nas duas primeiras fases, apenas uma proposta no campo da gestão ambiental foi executada, respectivamente, enquanto na terceira fase foram 33.

Conclusão

A complexidade que envolve a compreensão da problemática ambiental é a referência que fundamenta a concepção metodológica desta proposta (QUINTAS, 2004). Destaca-se que os projetos de educação ambiental no processo de gestão ambiental têm como premissa a inserção dos sujeitos das ações educativas na elaboração de propostas que busquem o controle social sobre as decisões.

Na prática, ao conciliar a gestão de projetos com os processos educativos, o diagnóstico socioambiental constrói cenários que identificam potencialidades, fragilidades, acertos e conflitos. Essas observações permitem desenvolver, no escopo do projeto, um conjunto de alternativas ao enfrentamento de conflitos vivenciados por grupos sociais impactados pela indústria do petróleo e gás, não apenas na formulação da política pública ambiental, mas na sua implementação, no seu monitoramento e na sua avaliação.

Nesse sentido, a elaboração de indicadores específicos para projetos de educação ambiental constitui um elemento fundamental para mensuração e planejamento das mudanças estruturais nas quais o escopo dos projetos está fundamentado. Por esse espectro, pode-se analisar que a concepção pedagógica e política no processo de construção dos indicadores legitima e fortalece as políticas públicas ambientais. À medida que utiliza parâmetros capazes de analisar a realidade concreta por melo da construção de conhecimento científico e saberes populares, representa um aspecto fundamental para a transformação almejada.

A experiência da Associação Raízes na execução do projeto NEA-BC evidencia que os processos de engajamento comunitário se constroem e se consolidam planejando conjuntamente com os Grupos Gestores Locais. Portanto, os elementos que compõem a estrutura do projeto, como objetivos, metas, gestão orçamentária e cronograma, são fundamentais para o processo educativo, e conhecê-los fomenta a tomada de decisão e o desenvolvimento de estratégias pelos grupos sociais no campo teórico-prático e possibilita a autonomia dos sujeitos e a organização coletiva.

Construir bons indicadores contribuirá para o sucesso do monitoramento e a avaliação do projeto. Se a proposta do projeto consiste em mudar aspectos da realidade na qual pretende interferir, os indicadores são fundamentais para identificá-los. A partir dos conteúdos abordados no Capítulo 6, crie um conjunto de indicadores que permitam o monitoramento e a avaliação do seu projeto.

Indicadores por Gestão do Fluxo de Implementação dos Programas

Insumos	Produtos	Processos	Resultados	Impactos

_____

_____

_____

Referências bibliográficas

ARNSTEIN, S. R. Uma escada da participação cidadã. **Revista da Associação Brasileira para o Fortalecimento da Participação – PARTICIPE**, Porto Alegre/Santa Cruz do Sul, vol. 2, n. 2, 2002, p. 4-13.

ASSOCIAÇÃO RAÍZES. **Plano de monitoramento e avaliação.** Campos dos Goytacazes, RJ, 2016.

ASSOCIAÇÃO RAÍZES. **Projeto de Educação Ambiental da Região da Bacia de Campos – III Fase.** Campos dos Goytacazes: Petrobras, Associação Raízes, 2015.

ASSOCIAÇÃO RAÍZES. **Projeto de Educação Ambiental da Região da Bacia de Campos – IV Fase.** Campos dos Goytacazes: Petrobras, Associação Raízes, 2019.

ASSOCIAÇÃO RAÍZES. **Projeto Político Pedagógico.** Campos dos Goytacazes: Petrobras, Associação Raízes, 2017.

BRASIL. **Caderno de Estudos do Curso em Conceitos e Instrumentos para o Monitoramento de Programas.** Brasília, DF: Ministério do Desenvolvimento Social e Combate à Fome, Secretaria de Avaliação e Gestão da Informação; Secretaria Nacional de Assistência Social, 2014.

BRASIL. **Constituição da República Federativa do Brasil.** Promulgada em 05 de outubro de 1988.

BRASIL. **Decreto nº 4.281/02, de 25 de junho de 2002.** Regulamenta a Lei nº 9.795, de 27 de abril de 1999, que institui a Política Nacional de Educação Ambiental.

BRASIL. **Lei nº 6.938, de 31 de agosto de 1981.** Dispõe sobre a Política Nacional do Meio Ambiente, seus fins e mecanismos de formulação e aplicação, e dá outras providências.

BRASIL. **Lei nº 9.795/99, de 27 de abril de 1999.** Dispõe sobre a educação ambiental, institui a Política Nacional de Educação Ambiental.

BRASIL. **Programa Nacional de Educação Ambiental – ProNEA.** 3 ed. Brasília: Ministério do Meio Ambiente; Ministério da Educação, 2005.

BRASIL. **ProNEA – Programa Nacional de Educação Ambiental.** Ministério do Meio Ambiente, Diretoria de Educação Ambiental; Ministério da Educação, Coordenação Geral de Educação Ambiental e Temas Transversais da Educação Básica. 5.ed. Brasília: MMA, 2018.

CEPAL. **Manual Formulação e Avaliação de Projetos Sociais.** Santiago: CEPAL/OEA/CENDEC, 1997.

FERREIRA, H.; CASSIOLATO, M.; GONZALEZ, R. **Uma experiência de desenvolvimento metodológico para avaliação de programas:** o modelo lógico do programa segundo tempo. Texto para discussão 1369. Brasília: IPEA, 2009.

FREIRE, P. **Pedagogia da autonomia:** saberes necessários à prática educativa. 45.ed. Rio de Janeiro: Paz e Terra, 2013.

FUNDO BRASILEIRO DE EDUCAÇÃO AMBIENTAL. **Plataforma MonitoraEA.** Disponível em: <http://monitoraea.org.br/>. Acesso em: 13 out. 2021.

INSTITUTO BRASILEIRO DO MEIO AMBIENTE E DOS RECURSOS NATURAIS RENOVÁVEIS – IBAMA. **Nota Técnica CGPEG/DILIC/IBAMA Nº 01/10, de 10 de fevereiro de 2010.** Brasília: IBAMA, 2010.

INSTITUTO BRASILEIRO DO MEIO AMBIENTE E DOS RECURSOS NATURAIS RENOVÁVEIS – IBAMA. **Instrução Normativa CGPEG/DILIC/IBAMA Nº 02/12, de 27 de março de 2012.** Brasília, DF: Diário Oficial da República Federativa do Brasil, 29 de março de 2012, Seção I, p. 130.

JANNUZZI, P. Monitoramento Analítico como Ferramenta para Aprimoramento da Gestão de Programas Sociais. **Revista Brasileira de Monitoramento e Avaliação**, n. 1, jan.-jun., 2011.

JANUZZI, P. de M. Indicadores para diagnóstico, monitoramento e avaliação de programas sociais no Brasil. **Revista do Serviço Público Brasília**, n. 56, 2005, p. 137-160.

MORIN, E. **Introdução ao Pensamento Complexo.** 2.ed. Lisboa: Instituto Piaget, 1990.

OLIVEIRA, F. Política numa era de indeterminação: opacidade e reencantamento. *In*: OLIVEIRA, F.; RIZEK, C. S. (orgs.). **A era da indeterminação.** São Paulo: Boitempo, 2007.

OGPAR/PUC. **Catálogo de indicadores.** Critérios de referência para planejamento, implementação, monitoramento e avaliação de projetos de educação ambiental no âmbito do licenciamento ambiental federal de petróleo e gás. Rio de Janeiro, 2019.

PETRAGLIA, I. C. **A educação e a complexidade do ser e do saber.** Petrópolis, RJ: Vozes, 1995.

QUINTAS, J. S. Educação no Processo de Gestão Ambiental: Uma Proposta de Educação Ambiental Transformadora e Emancipatória. *In*: LAYRARQUES, P. P. (coord.). **Identidades da Educação Ambiental Brasileira.** Brasília: Ministério do Meio Ambiente, 2004.

RAYMUNDO, M. H. A.; BRANCO, E.; BIASOLI, S. et al. **Caderno de Indicadores de avaliação e monitoramento de políticas públicas de Educação Ambiental:** processo de construção participativa e fichas metodológicas. INPE, 2019.

SANTOS, M. **Por uma outra globalização:** do pensamento único à consciência universal. 12.ed. Rio de Janeiro: Record, 2005.

7. Projeto O Bom Uso da Água: a aplicação dos conceitos e ferramentas de gerenciamento de projetos para a melhoria da qualidade dos recursos hídricos na comunidade rural do Bonfim em Petrópolis-RJ

Edmardo de Oliveira Campbell Júnior
Camila Serena de Souza Pinto
Ana Paula Ferreira Santos da Costa
Gisella de Souza Amaral
Mariana Cunha Lemos

O presente capítulo visa relatar a experiência de uma superintendência vinculada a um órgão de controle ambiental governamental, localizada na região serrana do estado do Rio de Janeiro, em relação à gestão de projetos e como seus conceitos foram traduzidos e adaptados para a realidade da equipe de educação ambiental. Dessa forma, a proposta é evidenciar para o leitor as estratégias utilizadas na condução do projeto de transformação socioambiental e os principais resultados obtidos, além de relatar como se deu a superação das adversidades experimentadas pela equipe durante o planejamento e a execução do projeto.

A educação ambiental, embora sempre presente na unidade, apresentava-se habitualmente como um desafio, seja na estruturação de equipe, disponibilidade de recursos, permanência e prosseguimento das atividades ou mesmo no seu desenvolvimento e monitoramento. Além disso, a percepção das reais necessidades locais, tanto de seu município sede quanto das demais áreas de sua abrangência, ou mesmo a visão de gestão da autarquia, inibia a performance de uma educação ambiental verdadeiramente crítica e emancipatória.

Ansiando por uma nova forma de se fazer a educação ambiental, a superintendência realizou uma série de diálogos com sua equipe interna, a qual formalmente se desdobraria com o início de seu primeiro projeto contínuo. As ações foram, então, chamadas de "O Bom Uso da Água", sendo realizadas na comunidade rural do Bonfim, localizada no município de Petrópolis.

A proposição técnica e política para escolha e definição do escopo e o uso de ferramentas e métodos para elaboração do projeto se justifica pela busca em incidir na mitigação das insuficiências outrora vivenciadas. Com isso, a equipe se empenhou para que os trabalhos fossem capazes de desempenhar um papel diferente, para além das atividades até então realizadas; que contribuíssem para formação crítica[14] de atores sociais participativos, capazes de transformar suas realidades, contribuindo para o desenvolvimento e a implantação de soluções sustentáveis locais.

A execução teve início com a mobilização dos atores envolvidos através de reuniões realizadas em espaços multissetoriais, como as Associações Comunitárias e de Produtores Rurais da comunidade envolvida, na sede do órgão estadual de meio ambiente em Petrópolis, no Comitê de Bacia Hidrográfica local, na Subconcessionária de Água e Esgoto, as quais contaram com a participação de atores diversos e lideranças das comunidades.

Apresentaremos o que foi construído ao longo de um ano de trabalho sob a perspectiva do gerenciamento de projetos e como foram traduzidos e incorporados os conceitos e as ferramentas gerenciais para nossa linguagem cotidiana.

Contextualização

É difícil estabelecer um marco inicial para o projeto, tendo em vista que uma série de fatores culminaram na construção das propostas convergentes aos resultados obtidos. Dentre as situações existentes, havia uma demanda do Ministério Público Estadual (MPE)[15] devido aos conflitos socioambientais no município de Petrópolis em torno do uso múltiplo da água em relação à sua disponibilidade e qualidade.

Dessa forma, o tema, os espaços e os atores sociais que perfizeram a proposta do projeto fundamentam-se nas demandas que partem do senso comum e são relevantes nas pautas ambientais atuais diante da necessidade local apresentada. Foram

---

[14] O artigo <http://abrapecnet.org.br/atas_enpec/viiienpec/resumos/R0098-1.pdf> traz uma contextualização atualizada sobre o tema e pode contribuir com maiores reflexões.

[15] Instituição do Estado incumbida da defesa da ordem jurídica, do regime democrático e dos interesses sociais e individuais indisponíveis. Devido ao seu caráter autônomo e independente, não está subordinada aos poderes Executivo, Legislativo ou Judiciário, o que lhe garante condições de fiscalizar de forma mais efetiva o cumprimento da lei. Mais informações: <http://www.mprj.mp.br>.

levadas em consideração a necessidade de conhecer melhor a comunidade afetada e a aproximação com os atores locais para as tomadas de decisão. Essa demanda leva à concepção do primeiro resultado do projeto, o diagnóstico socioambiental, que será descrito mais adiante.

A abordagem inicial teve o intuito de melhorar esses aspectos em uma comunidade situada em uma área de manancial, sendo essas áreas importantes para o abastecimento público de água. Com isso, buscou-se entender os processos e características socioambientais existentes, com vistas a buscar soluções factíveis para as instituições públicas e privadas, tanto de forma coletiva para a comunidade como individualmente para o cidadão.

Área de estudo

No município de Petrópolis é possível identificar conflitos socioambientais no que tange à ocupação e ao uso do solo, bem como à exploração dos recursos naturais. Essas questões estão presentes de forma recorrente como pauta em discussões dos órgãos públicos competentes e demandam soluções para o cidadão e sua comunidade. Cabe ressaltar que esse é um fato em curso em tantas outras cidades do estado do Rio de Janeiro e de todo o Brasil e corrobora com o destaque dado às comunidades rurais por Zakrzevski (2004, p. 80), que percebe a negligência e a carência de pesquisas e intervenções em educação ambiental voltadas à população do campo, que acaba sendo impactada pelo modelo de desenvolvimento rural brasileiro, gerador de inúmeros problemas econômicos, sociais e ecológicos.

A comunidade do Bonfim, em caráter experimental, foi delineada como um laboratório vivo e dinâmico para implementação do projeto e pode ser caracterizada, em concordância com Lourenço (2010, p. 6), sob o aspecto geopolítico, como urbana e também apresenta aspectos rurais, como atividade agrícola familiar e atividades voltadas ao ecoturismo. A denominação do local faz referência à microbacia do rio Bonfim[16], situada em um importante manancial de abastecimento público para o município de Petrópolis. A microbacia pertence à bacia hidrográfica do rio Piabanha e, assim como acontece em outras comunidades rurais, é possível observar os entraves em relação à falta de saneamento, deficiências no acesso à comunidade, saúde e educação pública contingenciadas, além da ausência de áreas públicas para convivência comunitária, como lazer, esporte e qualificação profissional.

---

[16] Mais informações sobre o Rio Bonfim, Piabanha e outros rios da região podem ser encontradas no site do Comitê Piabanha (<www.comitepiabanha.org.br>). O Comitê Piabanha é um órgão colegiado que tem como objetivo promover a gestão descentralizada e participativa dos recursos hídricos na sua área de atuação.

A escassez de água nos períodos de estiagem e o despejo irregular de esgoto doméstico foram relatados pelos moradores à equipe do projeto, os quais acabam trazendo impactos negativos na produção de alimentos e mau cheiro em dias quentes ou no período de seca. Foram relatadas ainda dificuldades de higiene e alimentação.

A partir do projeto houve maior aproximação da equipe em relação à comunidade do Bonfim, trazendo a possibilidade de conhecer outros problemas da região, em especial o processo de regularização fundiária que tramita no Ministério Público Federal (MPF)[17] e o conflito histórico no qual a comunidade fora inserida nos limites do Parque Nacional da Serra dos Órgãos (PARNASO). O parque é uma Unidade de Conservação (UC) enquadrada na categoria de Proteção Integral (Figura 7.1) de acordo com o Sistema Nacional de Unidades de Conservação (SNUC). Um dos itens relacionados no cumprimento do Termo de Ajustamento de Conduta (TAC) firmado no processo em tramitação preconizava que todas as residências no limite do parque tivessem um sistema de fossa séptica instalada, fato que evidenciou a necessidade emergencial da comunidade no que tange ao saneamento rural.

---

[17] O MPF tem como função fiscalizar o cumprimento de lei e também atua nas áreas civil, criminal e eleitoral. A ação pode se dar preventivamente, extrajudicialmente, quando atua por meio de recomendações, audiências públicas e promove acordos por meio dos Termos de Ajuste de Conduta (TAC). Saiba mais em <www.mpf.mp.br>.

Projeto O Bom Uso da Água 157

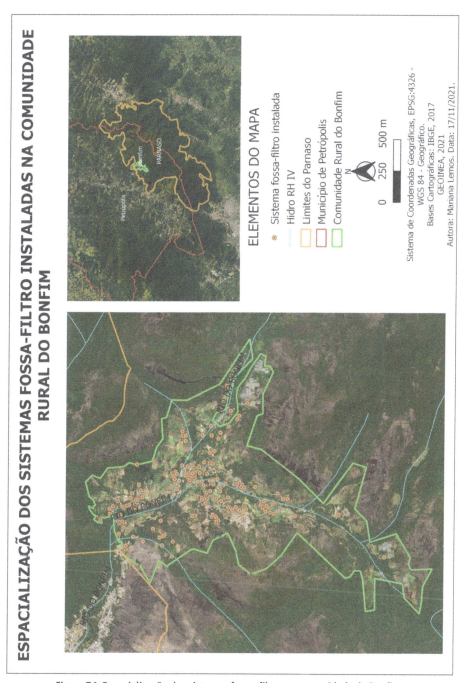

Figura 7.1. Espacialização dos sistemas fossa-filtro na comunidade do Bonfim.
Fonte: adaptado de GeoINEA, s.d.

A gestão compartilhada e seus desdobramentos com as relações interinstitucionais

O projeto foi elaborado e capitaneado pela unidade descentralizada da região serrana e adjacências do órgão de meio ambiente estadual do Rio de Janeiro (INEA) e executado por meio da gestão compartilhada entre Prefeitura Municipal de Petrópolis, MPE, Comitê da Bacia Hidrográfica do rio Piabanha, Fundação Oswaldo Cruz, (Fiocruz), Águas do Imperador, Associação dos Produtores Rurais do Bonfim, Associação dos Produtores Rurais do Caxambu, Companhia Municipal de Desenvolvimento de Petrópolis (COMDEP) e Empresa de Assistência Técnica e Extensão Rural (EMATER). Devido às atribuições legais e federativas, a Prefeitura de Petrópolis foi a proponente legal do projeto. Projetos como esse que praticam a gestão compartilhada denotam que é possível a prática transformadora com base no coletivo e em uma produção democrática e participativa (TIMÓTEO, 2019). Ainda nesse viés, sobre a gestão ambiental pública, Quintas afirma:

> (...) não é possível visualizarmos, numa sociedade democrática, a prática da gestão ambiental sem a presença do Estado e da sociedade civil. Daí a minha convicção (e acredito que também a sua) de que, no terreno da gestão ambiental, Poder Público e sociedade civil não se opõem, mas se complementam. Portanto, devem trabalhar preferencialmente em ações compartilhadas, a partir de objetivos comuns (QUINTAS, 2006, p. 9).

As instituições atuaram na execução das políticas públicas relacionadas ao meio ambiente, procedendo em uma situação específica de conflito ambiental. Entretanto, diante das atribuições, não teria sido viável a execução desse projeto considerando a transversalidade das questões aqui apresentadas. Para isso, foi fundamental contar com o apoio e parcerias de outras instituições e autarquias para atingir sua meta, principalmente aquelas identificadas como *stakeholders*.

As relações interinstitucionais foram observadas e potencializadas por meio das competências incumbidas a cada ator participante. Eles representaram um papel fundamental para a realização do projeto, tendo em vista que a competência de elaborar projetos de saneamento é da esfera municipal, conforme estabelecido pelos instrumentos federativos. Apesar dessa competência municipal, a superintendência entendeu a demanda da comunidade e passou a coordenar os esforços para atingir os resultados no município de Petrópolis em conjunto com os demais *stakeholders*. A partir da articulação com os parceiros públicos e privados interessados no projeto, desencadeou-se o processo da mobilização da comunidade, visando apresentar o projeto, considerando pontos como a sua importância, os seus benefícios e as responsabilidades das instituições envolvidas, conforme preconiza a gestão ambiental pública compartilhada entre as partes.

As ações previstas no projeto consistiram em dialogar com instituições interessadas, realizar o diagnóstico socioambiental na comunidade delineada com a finalidade de interpretar as demandas, os conflitos existentes e a relação da comunidade com o meio, tratamento dos dados e, posteriormente, instalações de sistema fossa-filtro nas propriedades da comunidade, contribuindo, assim, para melhorias na qualidade da água e o abastecimento público local. O método de execução foi subdividido em tópicos e se encontra descrito a seguir, de forma a demonstrar as ações detalhadas do projeto para atender aos seus objetivos.

Gestão de projetos e organização

Em 2019, foi dada uma nova perspectiva de gestão à superintendência, sob a supervisão de um líder de características modernas (APPELO, 2010), capaz de potencializar a performance de sua equipe por meio da confiança e da experiência com a gestão de pessoas. Essa nova forma de construir e agir diante dos projetos levou ao alcance de resultados antes compreendidos como impossíveis diante das complexidades das ações e dos esforços necessários para atingir os objetivos pretendidos. Acreditamos que grande parte dos resultados obtidos na autarquia estadual está relacionada ao empenho e à capacitação da equipe, assim como à gestão e ao estilo da liderança do gestor que conseguiu reunir a equipe para um propósito comum.

O gerenciamento do projeto foi realizado inicialmente de forma intuitiva, não havendo substancialmente uma maneira sistematizada nos moldes posteriormente incorporados na metodologia do projeto. Ou seja, o corpo técnico e as instituições envolvidas no projeto não possuíam, no início, ferramentas e metodologia de gerenciamento profissional de projetos.

Todavia, em julho de 2019, uma servidora da superintendência envolvida diretamente no projeto O Bom Uso da Água realizou um treinamento oferecido pela Universidade Corporativa da instituição intitulado "Conceitos e Ferramentas para o Gerenciamento de Projetos", aplicado pela especialista em gerenciamento de projetos e Coordenadora de Educação Ambiental da Secretaria Estadual do Ambiente e Sustentabilidade, Jamile Marques, idealizadora e organizadora desta obra. Foram realizadas reuniões nas quais a servidora compartilhou as novas competências e habilidades adquiridas com os demais servidores da unidade da região serrana (Figura 7.2) de forma horizontal e democrática, além de introduzir novos elementos metodológicos e ferramentas que sistematizaram e aperfeiçoaram o gerenciamento do projeto no Bonfim.

Os servidores da autarquia estadual foram divididos em times, conforme os critérios a seguir: (a) gestão do projeto – responsável, principalmente, pelo embasamento teórico e estratégias; (b) apoio técnico – relacionado ao dimensionamento das fossas e à elaboração dos projetos técnicos; (c) apoio administrativo e logístico – suporte e apoio necessário para a realização das reuniões e eventos; e (d) núcleo de educação ambiental – responsável pela atuação direta.

Figura 7.2. Compartilhamento de competências e habilidades desenvolvidas durante o curso "Conceitos e Ferramentas para o Gerenciamento de Projetos" ministrado em junho de 2019.
Fonte: acervo pessoal dos autores.

A partir da troca de conhecimentos sobre as ferramentas de gerenciamento e seus benefícios para a continuidade e melhoria das ações do projeto, algumas delas foram aplicadas para auxiliar no desenvolvimento e na estruturação do projeto, como: *Project Model Canvas* (FINOCCHIO JÚNIOR, 2013), Estrutura Analítica de Projeto (EAP), Modelo de Importância Relativa e Matriz de Responsabilidade. A incorporação dessas ferramentas buscou otimizar o gerenciamento de recursos.

Na metodologia *Project Model Canvas* (PMC), desenvolvida por José Finocchio Júnior, os elementos do projeto devem ser sistematizados em alto nível através das respostas às seguintes perguntas: por quê, o quê, quem, como, quando e quanto. Na Figura 7.3, apresentamos o protótipo do projeto O Bom Uso da Água, que foi utilizado para o delineamento das atividades executadas. O PMC do projeto foi construído durante o curso "Conceitos e Ferramentas para o Gerenciamento de Projetos", ainda no início do projeto, e aprimorado posteriormente junto à equipe de atuação.

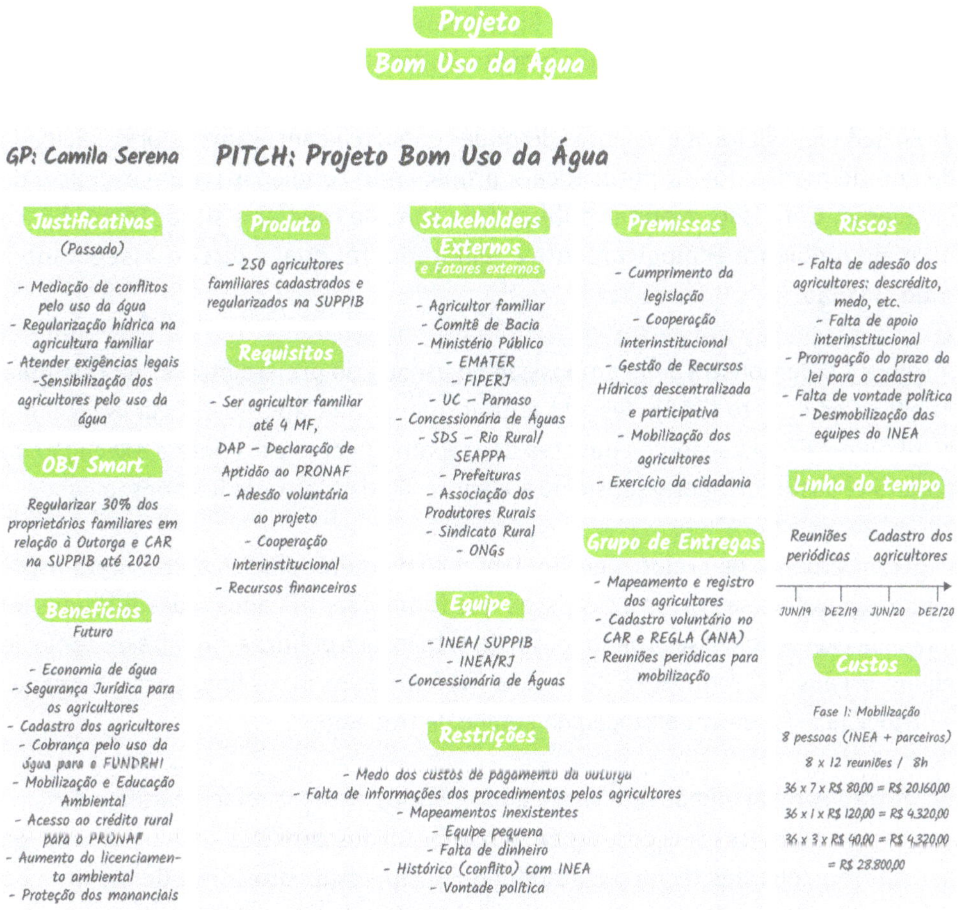

Projeto Bom Uso da Água

GP: Camila Serena   **PITCH: Projeto Bom Uso da Água**

Justificativas
(Passado)
- Mediação de conflitos pelo uso da água
- Regularização hídrica na agricultura familiar
- Atender exigências legais
- Sensibilização dos agricultores pelo uso da água

OBJ Smart
Regularizar 30% dos proprietários familiares em relação à Outorga e CAR na SUPPIB até 2020

Benefícios
Futuro
- Economia de água
- Segurança Jurídica para os agricultores
- Cadastro dos agricultores
- Cobrança pelo uso da água para o FUNDRHI
- Mobilização e Educação Ambiental
- Acesso ao crédito rural para o PRONAF
- Aumento do licenciamento ambiental
- Proteção dos mananciais

Produto
- 250 agricultores familiares cadastrados e regularizados na SUPPIB

Requisitos
- Ser agricultor familiar até 4 MF,
DAP – Declaração de Aptidão ao PRONAF
- Adesão voluntária ao projeto
- Cooperação interinstitucional
- Recursos financeiros

Stakeholders Externos e Fatores externos
- Agricultor familiar
- Comitê de Bacia
- Ministério Público
  - EMATER
  - FIPERJ
  - UC – Parnaso
- Concessionária de Águas
  - SDS – Rio Rural/ SEAPPA
  - Prefeituras
  - Associação dos Produtores Rurais
  - Sindicato Rural
  - ONGs

Equipe
- INEA/ SUPPIB
- INEA/RJ
- Concessionária de Águas

Restrições
- Medo dos custos de pagamento da outorga
- Falta de informações dos procedimentos pelos agricultores
- Mapeamentos inexistentes
- Equipe pequena
- Falta de dinheiro
- Histórico (conflito) com INEA
- Vontade política

Premissas
- Cumprimento da legislação
- Cooperação interinstitucional
- Gestão de Recursos Hídricos descentralizada e participativa
- Mobilização dos agricultores
- Exercício da cidadania

Grupo de Entregas
- Mapeamento e registro dos agricultores
- Cadastro voluntário no CAR e REGLA (ANA)
- Reuniões periódicas para mobilização

Riscos
- Falta de adesão dos agricultores: descrédito, medo, etc.
- Falta de apoio interinstitucional
- Prorrogação do prazo da lei para o cadastro
- Falta de vontade política
- Desmobilização das equipes do INEA

Linha do tempo
Reuniões periódicas | Cadastro dos agricultores
JUN/19 DEZ/19 JUN/20 DEZ/20

Custos
Fase I: Mobilização
8 pessoas (INEA + parceiros)
8 x 12 reuniões / 8h
36 x 7 x R$ 80,00 = R$ 20.160,00
36 x 1 x R$ 120,00 = R$ 4.320,00
36 x 3 x R$ 40,00 = R$ 4.320,00
= R$ 28.800,00

Figura 7.3. *Project Model Canvas* do projeto O Bom Uso da Água construído durante o curso "Conceitos e Ferramentas para o Gerenciamento de Projetos".
Fonte: os autores.

A utilização dessas ferramentas na metodologia e na condução do projeto facilitou os diálogos e a acessibilidade das informações por parte de todos os interessados. Terminologias como "stakeholders" foram amplamente discutidas e adaptadas para que a linguagem técnica não fosse um gargalo para o engajamento dos diferentes atores.

As reuniões foram uma das principais estratégias para o planejamento do projeto, as quais viabilizaram as primeiras coparticipações entre os diferentes atores sociais. As reuniões eram compostas pela leitura da pauta com os assuntos principais e pendentes, as falas dos presentes e posteriormente os encaminhamentos para as reuniões seguintes. Nesses espaços de diálogos, a comunidade, as organizações da sociedade civil local e os entes do poder público alcançaram maior capacidade de entendimento dos conflitos locais, propiciando condições para o exercício da cidadania. Com isso, o poder público foi capaz de mediar a situação em busca do meio ambiente ecologicamente equilibrado, tal qual é direito assegurado a todo cidadão.

A Figura 7.4 demonstra a decomposição do escopo do projeto através da Estrutura Analítica de Projeto (EAP), descrita anteriormente no Capítulo 2. Essa ferramenta auxiliou na visualização dos pacotes de trabalho necessários para a execução do projeto e, posteriormente, subsidiou a elaboração da Matriz de Responsabilidade.

O gerenciamento de projetos e a implantação de metodologias apresentam riscos e falhas por diversas razões. Os riscos que foram identificados e desdobrados ao longo da execução desse projeto foram: (i) retaliações políticas, (ii) falta de apoio de alguns órgãos, (iii) motivação da equipe, (iv) falta de recursos financeiros, humanos e de logística, (v) desmobilização da equipe de trabalho.

Na gestão compartilhada que vivenciamos, vários entes se relacionaram e desempenharam diferentes funções, porém a mediação dos conflitos se deu por meio da articulação com viés técnico e atendendo aos pressupostos metodológicos e ao referencial teórico do assunto. Por outro lado, a falta de apoio de alguns órgãos foi preponderante no aperfeiçoamento e uso das ferramentas disponíveis, uma vez que a ausência das instituições levou a equipe gestora do projeto a achar novos caminhos e focar na gestão de pessoas e não necessariamente na participação institucional.

Figura 7.4. Estrutura analítica do projeto O Bom Uso da Água.
Fonte: os autores.

Além disso, a disponibilidade de recursos financeiros para viabilização do projeto foi um entrave desde a sua concepção, sendo superada por meio da articulação com os atores. Outras dificuldades encontradas foram em relação à equipe multidisciplinar e à divisão de tarefas de acordo com as habilidades e aptidões de cada um, bem como em relação aos ruídos recorrentes na comunicação interna e à necessidade de convencimento da equipe sobre a viabilidade do projeto. Todos esses problemas foram superados por meio da matriz de responsabilidade. Esse método foi adotado e adaptado à nossa realidade tendo em vista a complexidade das atividades e a participação de diversos atores e integrantes de outras instituições durante o projeto (Tabela 7.1). Para fins didáticos, a matriz a seguir representa algumas das responsabilidades dos autores deste capítulo durante o projeto.

Matriz de Responsabilidade

Projeto O Bom Uso da Água

	Ana	Camila	Edmardo	Gisella	Mariana
Gerenciar stakeholders	I	C	A	C	R
Elaborar Proposta Técnica do projeto	C	R	A	I	I
Elaborar o diagnóstico	C	R	A	C	C
Enviar diagnóstico aos parceiros	I	R	I	I	A
Agendar treinamento para aplicação do diagnóstico	A	I	C	I	C
Aplicar o diagnóstico	R	R	I	R	A
Analisar os diagnósticos	I	A	I	I	C
Elaborar Termo de Livre Consentimento	I	R	A	C	R
Elaborar projeto para as fossas sépticas	C	R	A	I	I
Realizar gestão do recebimento das fossas	R	I	A	I	I
Definir logística de entrega das fossas	I	I	A	C	C
Gerenciar recursos	I	C	A	I	I
Mobilizar a comunidade	C	A	I	R	R
Organizar reuniões	A	C	C	R	C
Acompanhar a instalação das fossas	A	I	R	R	I
Divulgar o Projeto	I	C	C	A	R

Tabela 7.1. Matriz de Responsabilidade do Projeto Bom Uso da Água.

Agora é a sua vez de praticar o que aprendeu até aqui. Vamos elaborar a Matriz de Responsabilidade, também conhecida como Matriz RACI, do seu projeto? As informações devem ser categorizadas em uma tabela na qual o (R) representa o responsável por executar a atividade; o (A) representa a autoridade que deve responder pela atividade, o dono (é importante designar apenas uma autoridade por atividade); o (C) representa o integrante que deve ser consultado e participar da decisão no momento da execução da atividade; e o (I) representa o indivíduo que deverá receber a informação de que a atividade foi executada.

Então vamos lá. Defina as atividades do seu projeto, mapeie as partes interessadas em sua execução e monte a Matriz RACI. Vale lembrar que para cada atividade é importante estabelecer apenas um responsável (R) e um aprovador (A), reduzindo dessa maneira o conflito de responsabilidade e a falha de comunicação. Nem todas as atividades terão consultados (C) ou informados (I), esta designação dependerá das características do projeto.

Ao elaborar a Matriz RACI, reflita sobre a melhor forma de gerir a equipe do projeto. Um integrante com muitas responsabilidades do tipo (A) conseguirá de fato aprovar todas as atividades designadas a ele ou seria melhor dividir esta atribuição com outros integrantes do projeto? Se a tabela possuir muitos integrantes como (C), será que todos devem ser, realmente, consultados? Lembre-se de que a definição das responsabilidades impacta diretamente na execução das atividades, podendo torná-la mais célere ou morosa.

Por fim, não se esqueça de deixar a Matriz RACI visível a todos os integrantes do projeto, afinal é um excelente radiador de informação.

Bom trabalho!

Gerenciamento das comunicações

O fluxo de informação é entendido como um processo comunicativo dinâmico e se configura um pilar fundamental dentro do gerenciamento de projetos. Geralmente acontece em diferentes ambientes, com o intuito de transmitir informações de um emissor para um receptor, respondendo às mais complexas necessidades informacionais e possibilitando a geração de conhecimento (ARAÚJO; SILVA; VARVAKIS, 2017).

No decorrer da execução do projeto, o fluxo de informação sucedeu através dos diálogos entre os entes. A concessionária local informou que 80% do município de Petrópolis recebe tratamento de esgoto e os 20% não atendidos correspondiam à área rural do município. Parte da população na comunidade delineada não era atendida por tratamento de esgotamento sanitário. Esses fatos foram evidenciados por meio frequente do diálogo promovido pelo projeto.

Para que todos pudessem participar, a equipe do projeto convidou representantes da prefeitura, secretarias, câmara de vereadores, sociedade civil organizada e instituições privadas. Isso conferiu grande força ao projeto desde sua gênese, pois todas as partes interessadas se sentiram coautoras. Por acreditar no engajamento através da transparência, todas as informações do projeto (atas, materiais, o projeto em si) ficaram disponíveis para acesso, participação e/ou contribuição. Ou seja, sem diferenças e hierarquias, apenas promovendo a participação ativa e colaborativa.

Informações situacionais da comunidade foram coletadas através da assistência social da comunidade, dos postos de saúde básica e dos moradores da comunidade, a fim de reconhecer a necessidade básica da região, além do acesso a dados de extremo valor para a tomada de decisões. Nessa fase, juntamente com o diagnóstico socioambiental, foi possível constatar indicadores da escassez de saneamento básico, entre outros de importante relevância social e ambiental.

O projeto passou pela fase de aceitação, a qual ocorreu por meio das visitas às comunidades e dos encontros realizados junto com as reuniões da associação de moradores e a de produtores rurais do Bonfim. Nesses encontros foram disponibilizados materiais e informações de fácil entendimento, em linguagem clara, objetiva, acessível e adequada à situação, além dos diálogos promovendo a troca de saberes. Esse é um fator-chave para o sucesso da comunicação e foi primordial ocorrer desde o início do projeto até a presente data, agora com a publicação desta obra.

Diagnóstico socioambiental

O diagnóstico socioambiental foi utilizado, conforme descrito por Martins (2004), como um instrumento de informações de caráter quantitativo e qualitativo específico para uma dada realidade, construído de uma maneira sistêmica, considerando as interações entre os elementos sociais, econômicos, ambientais e culturais. O diagnóstico socioambiental do Bonfim foi elaborado com vistas a reconhecer o patrimônio ambiental da comunidade, e sua elaboração foi preconizada considerando a possibilidade de avaliar a qualidade ambiental e a qualidade de vida da comunidade.

Ele foi ponto de partida para a ação e a estruturação do projeto, tornando-se fundamental para a construção da cidadania ambiental e a tomada de decisão por atores públicos e privados na elaboração de alternativas de transformação, no sentido de harmonizar a relação entre as pessoas e o meio.

Essa etapa se deu por meio de incursões a campo pelas equipes dos entes envolvidos, sobretudo pelos membros da superintendência, com apoio fundamental das representações da comunidade local. Os métodos utilizados foram entrevistas orais, preenchimento de formulário, coleta de coordenadas geográficas por GPS e elaboração de mapas e croquis das propriedades e das estruturas de saneamento. Além disso, nessa oportunidade, foi esclarecido aos entrevistados que a participação no estudo seria realizada de forma totalmente voluntária. O diagnóstico realizado foi dividido em blocos conforme a tipologia das informações, sendo elas:

- **Início** – As informações fornecidas corresponderam aos dados do mediador da entrevista e do próprio diagnóstico.
- **Diagnóstico Individual da propriedade** – Identificação e uso da propriedade, número de moradores, etc.
- **Meio ambiente** – Questões relacionadas a animais silvestres e domésticos, recursos hídricos, origem e atividades que demandam uso da água, assim como o tratamento dado aos efluentes, etc.
- **Regularidade ambiental da propriedade** – Caracterização referente a instrumentos e ferramentas de gestão ambiental e territorial e a relação do morador com eles.
- **Atividades produtivas desempenhadas na propriedade** – Destinadas para as propriedades que desenvolvem atividade econômica, a fim de entender o sistema de produção adotado, bem como as políticas públicas implementadas e vislumbradas pela comunidade.

> **Comunidade e cidadania** – Identificação, participação e mobilização social, identificando os principais problemas encontrados na comunidade, incluindo problemas de saúde com vistas a contribuir com o Programa de Saúde da Família.
> **Sobre o projeto** – Apuração de informações referentes à participação e à divulgação do projeto proposto na comunidade.

Foram respeitadas as diretrizes estabelecidas no Termo de Consentimento Livre e Esclarecido (TCLE)[18], uma referência para as pesquisas na área. Caso o morador decidisse não participar ou resolvesse desistir a qualquer momento, nenhum dano ou penalidade lhe seria dada. Da mesma forma, os pesquisadores estiveram à disposição para esclarecimentos considerados necessários em qualquer etapa da pesquisa.

Instalação dos sistemas de fossa séptica

Os croquis elaborados das propriedades por meio do diagnóstico socioambiental permitiram a sistematização das informações necessárias para viabilizar a instalação de fossas sépticas nas residências que não possuíam nenhum tipo de sistema de esgotamento sanitário. Os recursos necessários foram oportunizados através de compensações ambientais advindas de TAC direcionado pelo MPE, além de outros fomentos advindos dos *stakeholders*. Essa articulação foi possível por meio do mapeamento das partes interessadas no projeto, utilizando a ferramenta Modelo de Importância Relativa, que caracteriza as partes interessadas com base no seu poder, na urgência e na legitimidade.

Incorporando mais um método ensinado durante o curso "Conceitos e Ferramentas para o Gerenciamento de Projetos", utilizou-se a Matriz de Importância Relativa para identificar e qualificar os *stakeholders* de acordo com seu interesse, poder e legitimidade (MITCHELL; AGLE; WOOD, 1997).

A categorização dos *stakeholders* foi realizada com base no papel preponderante de cada um para instalação de fossas e consequentes melhorias advindas. Contudo, entende-se que um mesmo sujeito, ou mesmo sua instituição, pode desempenhar diferentes papéis ao longo da trajetória percorrida. A matriz auxiliou na definição de estratégias para a articulação da liderança para acessar os recursos necessários ao projeto (Figura 7.5).

O primeiro *stakeholder* identificado foi a Autarquia Estadual de Meio Ambiente, que figura como definitivo tendo em vista as suas competências, urgência e legitimidade

---

[18] O TCLE é baseado nas diretrizes contidas na Resolução CNS nº 466/2012 do Ministério da Saúde para pesquisas que envolvam pessoas. O documento garante ao participante da pesquisa o respeito aos seus direitos.

de atuação institucional. Pode ser considerado também perigoso, assim como o MPE, devido à capacidade de impor sua vontade por meio dos instrumentos legais, sem levar em conta os processos participativos na mediação de conflitos socioambientais. Por outro lado, também figura como adormecido, pois, apesar do poder desempenhado, essa urgência é insuficiente diante dos entraves encontrados para disposição de corpo técnico e recursos a serem aplicados.

É importante também ressaltar o papel dos reivindicadores que têm urgência na melhoria da qualidade da água na comunidade, mas muitas vezes não detêm recursos para atuação. Entretanto, esses moradores e produtores rurais isolados não detêm tanto poder e legitimidade quando comparados ao papel dependente desempenhado pela união desses moradores na forma de associação ou outras formas de organização da sociedade civil.

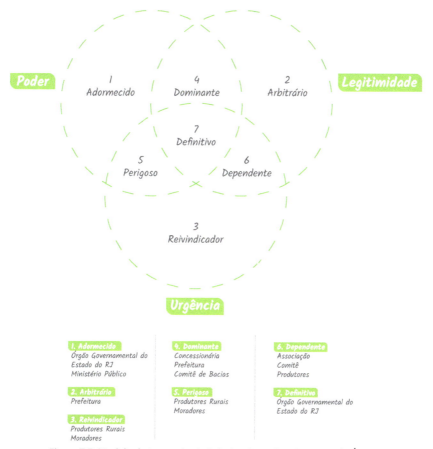

Figura 7.5. Modelo de Importância Relativa do projeto Bom Uso da Água.
Fonte: adaptado de Mitchell, Agle e Wood, 1997.

Uma característica interessante do gerenciamento de aquisições do projeto O Bom Uso da Água foi a priorização da compra dos *kits* de fossa séptica nos fabricantes próximos à comunidade, como forma de estimular e fomentar a economia local. Os *kits* das fossas sépticas foram adquiridos e, posteriormente, distribuídos no decorrer de oito semanas durante os meses de setembro e outubro de 2019. Alguns fatores externos interferiram no cronograma de instalação dos sistemas, como a instalação de apenas dois sistemas fossa-filtro sumidouro por dia, eventos climatológicos desfavoráveis e topografia dos terrenos.

O critério para ser contemplado com o *kit* em cada residência/propriedade foi a aceitação por parte do morador em participar do projeto. Para a instalação, além da base de informações mencionada anteriormente, houve avaliação técnica pelos *stakeholders* responsáveis por essa fase, sendo, nesse caso, a subconcessionária de água e esgoto local, que realizou a perfuração do solo, e a prefeitura, que participou ativamente de todos os processos com o apoio de recursos humanos.

O diagnóstico socioambiental propiciou condições para realizar o mapeamento das residências e das antigas destinações de efluentes domésticos, bem como da quantidade de efluente gerada por cada propriedade e a situação social dos habitantes. Essa base de informações auxiliou na escolha dos locais adequados para a instalação das fossas e no agrupamento de residências direcionadas a uma mesma fossa séptica nos casos em que fosse possível, haja vista que cada sistema de fossa-filtro sumidouro instalado pelo projeto possuía capacidade de tratar o efluente gerado por até 12 pessoas.

A associação de moradores da comunidade acompanhou e auxiliou no processo de instalação dos *kits*, contribuindo para o sucesso do projeto. Os moradores colaboraram ativamente durante a instalação dos sistemas fossa-filtro, organizando-se para o compartilhamento do material de obra, como areia e brita, de maneira que todos os participantes do projeto tivessem material suficiente. Além disso, alguns materiais complementares para a instalação dos sistemas foram prontamente adquiridos pelos beneficiários. Como resultado dessa logística e racionalização realizada junto à comunidade, houve sobra de material, o qual foi utilizado em melhorias para a própria comunidade.

Resultados: os desdobramentos e perspectivas

Os resultados do diagnóstico indicaram os problemas de natureza socioambientais na comunidade do Bonfim. A partir dessas informações, houve maior aproximação da realidade vivenciada pela comunidade, trazendo maior embasamento para se trabalhar em cima das suas necessidades. O balanço das informações permitiu também verificar que as principais origens da água utilizada correspondem aos rios e às nascentes. Nesse caso, foi possível confirmar que o uso da água era majoritariamente voltado para o consumo das famílias e atividades de irrigação, demonstrando a necessidade urgente do tratamento do esgoto doméstico, de forma a não comprometer a qualidade hídrica e não afetar diretamente a saúde da população.

Com a identificação do número de propriedades prioritárias para o recebimento das fossas e a avaliação para a instalação, foi possível otimizar os espaços e atender ao maior número possível de pessoas. Em algumas propriedades, um *kit* de fossa servia a mais de uma residência, pois possuía capacidade máxima de atender a até 12 pessoas. 62 residências possuíam algum tipo de sistema de tratamento de esgoto já instalado, como fossa negra ou sumidouro. No total foram instalados 125 *kits* de fossas sépticas que contemplaram 187 residências. Com essa totalidade, de acordo com a estimativa de Costa e Guilhoto (2014), uma pessoa produz 120 litros de esgoto por dia. Sendo assim, todos os *kits* instalados têm a capacidade de tratar até 180.000 litros de efluente doméstico por dia. Dessa forma, o volume deixará de ser despejado sem tratamento nos cursos d'água, ou de escorrer a céu aberto, fato que influenciará na melhora da qualidade de vida da comunidade em função da redução acentuada da carga poluidora.

Foi sinalizado que as vias de acesso precárias e a falta de iluminação pública também foram citadas entre os principais problemas levantados pela população do Bonfim. Além disso, em relação aos problemas de saúde enfrentados pela comunidade, hipertensão e diabetes foram citados recorrentemente. O diagnóstico possibilitou ainda identificar que a comunidade conheceu o projeto, predominantemente, via associação dos produtores rurais ou associação de moradores, confirmando a importância da participação e do empoderamento da sociedade civil nas repartições públicas e nas tomadas de decisão, com vistas a solucionar os conflitos existentes dentro de sua comunidade.

O projeto teve aceitação total da comunidade e logo todas as propriedades inicialmente previstas foram atendidas com o sistema de tratamento de efluente doméstico. É interessante mencionar um caso de um morador que, ao ser entrevistado para o diagnóstico socioambiental, não apresentou interesse em ser contemplado pelo projeto, mas que, ao perceber o andamento das atividades, os relatos de seus vizinhos e os resultados na comunidade, solicitou sua inclusão. Isso demonstra que os esforços foram contínuos e que o envolvimento da comunidade, a transparência em todo o projeto, a presença do poder público e a gestão compartilhada entre as entidades interessadas foram a soma perfeita para um resultado satisfatório e o sucesso do projeto.

Após a implantação do projeto, a associação comunitária colocou na entrada do bairro o cartaz com a seguinte frase: "esta comunidade é equipada com sistemas de tratamento de efluentes domésticos" (Figura 7.6). A imagem a seguir dispõe parte dos resultados obtidos com o projeto. Percebemos uma comunidade que ama e preserva seu entorno, sendo atuante em prol da harmonia na relação entre comunidade e meio ambiente.

Figura 7.6. Cartaz localizado na comunidade Bonfim após a implantação do projeto.
Fonte: os autores.

Conclusão

Diante do exposto, é possível concluir que muitas são as ações que podem ser realizadas a fim de solucionar os problemas de uma comunidade. Acreditamos que identificar cada um desses problemas e agir faz parte das responsabilidades do poder público. Para Acselrad (2010), o termo "justiça ambiental" exprime uma "noção emergente que integra o processo histórico de construção subjetiva da cultura de direitos". Para superar esses paradigmas é preciso organização e união da comunidade, o que deve ser tomado como premissa para as transformações socioambientais almejadas e a resolução dos seus conflitos existentes.

Com a sociedade civil empoderada e participativa, foi possível trazer para o projeto a realidade da comunidade local como forma de suprir as necessidades e os anseios perante os seus direitos e, ao mesmo tempo, atribuir responsabilidades inerentes ao exercício da cidadania. Dessa forma, dentro do projeto, foi alcançada a responsabilização para todos os entes participativos, o que contribuiu para os resultados positivos alcançados.

Nesse sentido, é necessário agir de forma coordenada frente às disfunções socioambientais encontradas, buscando parcerias, responsabilizando as instituições competentes, empoderando a sociedade civil e dando voz às suas falas. Por outro lado, é possível lidar com a falta ou escassez de recursos, com desmotivação de equipe, falta de vontade política, instituições públicas desmanteladas, entre outras dificuldades que complicam a realização de projetos socioambientais. Essa forma de lidar com as adversidades foi incorporada à nossa forma de atuar no projeto O Bom Uso da Água, principalmente a partir dos conhecimentos adquiridos e consolidados em gerenciamento de projetos. Pode-se afirmar, portanto, que dominar métodos e ferramentas em gerenciamento de projetos auxiliou sobremaneira o alcance dos objetivos do projeto e de fato promoveu o controle ambiental de responsabilidade do Estado.

O gerenciamento profissional de projetos foi utilizado como ferramenta para aprimorar a performance dos servidores da autarquia e, consequentemente, promover melhorias efetivas na qualidade de vida e melhoria das condições ambientais locais. Não obstante, percebemos que, com o uso das ferramentas aqui apresentadas, foi possível ir além, com o despertar de cada ator desse processo, promovendo o senso de pertencimento e a capacidade de superação coletiva e individual na transformação e melhoria contínua do meio que nos rodeia.

Referências bibliográficas

ACSELRAD, H. Ambientalização das lutas sociais – o caso do movimento por justiça ambiental. **Estudos avançados**, vol. 24, n. 68, 2010, p. 103-119.

APPELO, J. **Management 3.0:** leading agile developers, developing agile leaders. Indiana: Addison-Wesley Professional, 2010. 451p.

ARAÚJO, W. C. O.; SILVA, E. L.; VARVAKIS, G. Fluxos de informação em projetos de inovação: estudo em três organizações. **Perspectivas em Ciência da Informação**, vol. 22, n. 1, 2017, p. 57-79.

COSTA, C. C.; GUILHOTO, J. J. M. Saneamento rural no Brasil: impacto da fossa séptica biodigestora. **Engenharia Sanitária e Ambiental**, n. 19(spe), jan. 2014.

FINOCCHIO JÚNIOR, J. **Project Model Canvas:** gerenciamento de projetos sem burocracia. São Paulo: Campus, 2013.

GEOINEA. **Base de Dados Geoespaciais.** Disponível em: <http://www.inea.rj.gov.br/portalgeoinea>. Acesso em: 29 nov. 2021.

LOURENÇO, A. E. P. **O Bonfim na Balança:** um estudo sobre ruralidade e saúde por meio da análise do estado nutricional das práticas alimentares e da agricultura num bairro de Petrópolis, Rio de Janeiro. Tese de Doutorado em Saúde Pública – Escola Nacional de Saúde Pública Sergio Arouca, Fundação Oswaldo Cruz, Rio de Janeiro, 2010.

MARTINS, S. R. **Critérios básicos para o Diagnóstico Socioambiental**. Texto base para os Núcleos de Educação Ambiental da Agenda 21 de Pelotas: "Formação de coordenadores e multiplicadores socioambientais". 2004.

MITCHELL, R. K.; AGLE, B. R.; WOOD, D. J. Toward a theory of stakeholder identification and salience: defining the principle of the who and what really counts. **Academy of Management Review**, vol. 22, n. 4, 1997, p. 853-886.

QUINTAS, J. S. Educação no processo de gestão ambiental: uma proposta de educação ambiental transformadora e emancipatória. **Identidades da educação ambiental brasileira**, vol. 156, Brasília: Ministério do Meio Ambiente, 2004, p. 113-140.

QUINTAS, J. S. **Introdução à gestão ambiental pública**. Brasília: Ibama, 2005.

RIO DE JANEIRO. **Lei Estadual nº 3.325, de 17 de dezembro de 1999.** Dispõe sobre a educação ambiental, institui a política estadual de educação ambiental, cria o programa estadual de educação ambiental e complementa a Lei Federal nº 9.795/99 no âmbito do estado do Rio de Janeiro. Disponível em: <http://alerjln1.alerj.rj.gov.br/CONTLEI.NSF/b24a2da5a077847c032564f4005d4bf2/cdca1ff2e635ef0903256857004f8540>. Acesso em: 13 out. 2021.

TIMÓTEO, G. M. **Educação Ambiental com Participação Popular.** Campos dos Goytacazes, RJ, 2019. 346p.

VELOSO, N. R. Processamento Digital de Imagens Destinado ao Mapeamento da Evolução da Ocupação Humana da Bacia Hidrográfica do Bonfim, Petrópolis/RJ e Análise Histórica dos Remanescentes Florestais entre os anos de 1965 e 2006. **Anais do III Simpósio Brasileiro de Geomática**, Presidente Prudente, SP, 25-27 jul. 2012, vol. 1.

ZAKRZEVSKI, S. B. Por uma educação ambiental crítica e emancipatória no meio rural. **Revista Brasileira de Educação Ambiental**, vol. 1, 2004, p. 79-86.

8. Implantando o gerenciamento ágil de projetos no Instituto Chico Mendes de Conservação da Biodiversidade (ICMBio), Núcleo de Gestão Integrada (Carajás, Pará) através do *agile coaching*

O processo de *agile coaching*: como estruturar e realizar a transformação ágil no setor público

Jamile de Almeida Marques da Silva

Professional e *agile coaching*

Antes de ler sobre como estamos implementando a transformação ágil no NGI Carajás, é importante entender o conceito de *professional coaching* e, posteriormente, a definição de *agile coaching*. De acordo com a Sociedade Brasileira de *Coaching* (SBCoaching), "*professional coaching* é um processo no qual o *coach* forma uma parceria de resultados com o *coachee*, contribuindo para que ele atinja seus objetivos e promova melhorias em sua vida. Esses objetivos podem se referir a diferentes aspectos da vida do *coachee*" (Figura 8.1).

As bases teóricas e metodológicas do *professional coaching* servem como inspiração para o processo de *agile coaching*. Este último, por sua vez, dedica-se a auxiliar a implementação de *frameworks*, métodos e *mindset* ágil nas organizações. Em minhas práticas como *agile coach*, adoto as competências descritas por Lyssa Adkins em sua obra "Coaching Agile Teams: a companion for Scrum Masters, Agile Coaches, and Project Managers in Transition", publicado em 2010 (Figura 8.2).

Figura 8.1. Diferentes aspectos relacionados ao *coachee*.
Fonte: adaptado de Sociedade Brasileira de *Coaching*, 2020.

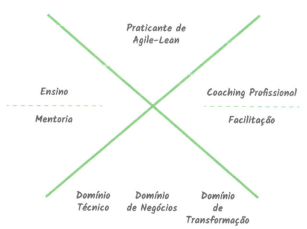

Figura 8.2. Competências do *agile coaching framework*.
Fonte: adaptado de Adkins, 2010.

Transformação ágil no NGI Carajás: iniciando uma jornada

A transformação ágil no NGI ICMBio Carajás teve início em março de 2020 e segue ocorrendo até a presente data. Meu primeiro contato com a equipe técnica da instituição ocorreu através de um curso de 40 horas intitulado "Conceitos e Ferramentas para o Gerenciamento de Projetos", que ministro desde 2017 na Pós-Graduação em Ecologia da Universidade Federal do Rio de Janeiro.

O motivo pelo qual fui convidada a ministrar este treinamento foi a percepção do Coordenador Geral do NGI ICMBio Carajás de que havia a necessidade clara de profissionalizar o gerenciamento de projetos da instituição, tendo em vista a consolidação de uma rede de parcerias e a formalização do Plano de Conservação Estratégico do Território de Carajás (PCE). A execução do PCE implicaria em dezenas de projetos e parcerias objetivando o desenvolvimento socioambiental integrado no conjunto de áreas protegidas de Carajás e entorno, o que evidenciou a necessidade imperiosa de qualificação da equipe para os desafios referentes ao gerenciamento de projetos de forma eficiente e eficaz.

Naquela oportunidade, compartilhei com os técnicos os principais conceitos e ferramentas dos modelos tradicional, ágil e híbrido de gerenciamento de projetos. Considerando as características complexas e desafiadoras do território amazônico, a equipe técnica entendeu que os métodos e *frameworks* ágeis eram os mais adequados para o gerenciamento da rotina diária de trabalho. Os técnicos concluíram que utilizariam algumas ferramentas típicas do gerenciamento tradicional, como o WBS Schedule Pro e o MS-Project, para delinear o escopo e reportar o avanço do cronograma para *stakeholders* específicos como Vale, Ministério Público, prefeituras, Ministério do Meio Ambiente, dentre outros. Dessa forma, e em última análise, o NGI Carajás adotou o modelo híbrido de gerenciamento de projetos.

Solicitei que os técnicos pensassem em um *To Do* (a fazer) para iniciar a transformação ágil após a finalização do treinamento. Foram escolhidos dois projetos piloto para implementação do *Scrum*: projeto Agroextrativismo e projeto Salas Verdes, bem como seus Times *Scrum*. Nesse momento, foram definidos *Product Owners*, *Scrum Masters* e Desenvolvedores de cada projeto. Os times também definiram o tamanho de suas *sprints*. Alguns meses após a finalização do treinamento, outro projeto denominado Comunidade vai à Floresta foi incorporado como piloto de implementação do *Scrum*. A transformação ágil desenvolvida no NGI ICMBio Carajás considera a base teórica-metodológica da Sociedade Brasileira de *Coaching* bem como os pilares da organização ágil do *Agile Coaching Institute*, conforme ilustra a Figura 8.3.

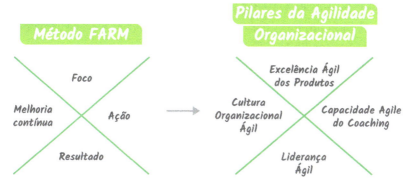

Figura 8.3. Estrutura teórico-metodológica da transformação ágil no NGI Carajás considerando o método FARM da Sociedade Brasileira de *Coaching* e os pilares da agilidade de Lyssa Adkins.
Fonte: adaptado de Sociedade Brasileira de *Coaching*, 2020, e Adkins, 2010.

Avaliando a transformação ágil no NGI Carajás

Desde que iniciamos a transformação ágil no ICMBio NGI Carajás, já percorremos o caminho descrito na Figura 8.4.

Figura 8.4. Caminho da transformação ágil no NGI ICMBio Carajás.
Fonte: elaborado por Jamile Marques.

Para avaliar o processo de transformação ágil no NGI ICMBio Carajás, em agosto de 2020 foi aplicado um formulário semiestruturado com o objetivo de entender a percepção dos técnicos do NGI Carajás sobre as forças, fraquezas, oportunidades e ameaças da transformação ágil na instituição. Os principais pontos da matriz SWOT relacionados à implementação da transformação ágil no NGI ICMBio Carajás foram:

Forças:

- Equipe técnica capacitada.
- Gestão participativa e o nivelamento da equipe com as ferramentas de gerenciamento de projetos.
- Equipe interna (servidores ICMBio, contratados, parceiros) e o peso do nome da instituição federal.
- Recursos disponíveis, equipe comprometida (concursados e contratados), programa de voluntariado, forte presença institucional. Conhecimento do público.
- Ter uma equipe multidisciplinar, que atua muito bem em várias vertentes. Desenvolvimento de projetos que proporcionam a geração de renda e melhoria da qualidade ambiental, apoio das universidades na gestão e no desenvolvimento de pesquisas científicas e vários projetos de educação ambiental desenvolvidos com apoio de parceiros.

Fraquezas:

- Integração da equipe.
- O baixo investimento em equipamentos e ferramentas de gerenciamento.
- Número reduzido de colaboradores e ruídos na equipe.
- Gestão tradicional, ausência de estratégia de marketing adequada.
- Sobrecarga de trabalho, quantidade de servidores insuficiente para a demanda.

Oportunidades:

- Realização de convênios, parcerias, utilização de condicionantes ambientais para execução de projetos conservacionistas de mitigação de impactos.
- Novos projetos, formação de novas parcerias, gestão ágil.
- Fortalecimento da rede de parceiros no desenvolvimento de projetos que visam a conservação e a melhoria da qualidade ambiental e do engajamento da sociedade nos projetos de educação ambiental.

Ameaças:

- ➢ O isolamento social fragiliza o envolvimento do Time com as cerimônias do *Scrum*.
- ➢ Término ou manutenção de convênios.

Próximos passos rumo à agilidade organizacional

Os próximos passos rumo à agilidade organizacional do NGI ICMBio Carajás envolvem a estruturação de um *Lean* PMO e do contínuo desenvolvimento da capacidade gerencial de seus técnicos. Periodicamente, será realizada pesquisa para avaliar a maturidade organizacional do NGI Carajás utilizando o modelo da *Agile Transformation Inc.*[19] denominado *Enterprise Business Agility Model*.

Realizar a transformação ágil em órgãos públicos é particularmente desafiador, pois, em função de sua natureza, não possuem tanto senso de urgência pela sobrevivência como as organizações privadas. Apesar disso, a estabilidade dos servidores concursados favorece a transposição do principal desafio sentido pelas organizações privadas, a impaciência de colher os frutos a médio-longo prazo. Afinal, a transformação ágil passa inevitavelmente pela transformação cultural, onde as instituições devem ser percebidas como organismos vivos e complexos.

A importância da gestão ágil para a conservação dos recursos naturais e da biodiversidade

André Luís Macedo Vieira
Paulo Jardel Braz Faiad

Conjunto de áreas protegidas de Carajás

O conjunto de áreas protegidas de Carajás é composto por seis Unidades de Conservação (Floresta Nacional do Tapirapé Aquiri, Floresta Nacional de Carajás, Floresta Nacional Itacaiúnas, Reserva Biológica do Tapirapé, Parque Nacional dos Campos Ferruginosos e Área de Proteção Ambiental do Igarapé Gelado) e uma terra indígena (Terra Indígena Xicrin do Cateté), que juntas formam um bloco de aproximadamente 1,3 milhão de hectares, a maior área de floresta amazônica contínua do sudeste do Pará.

---

[19] <https://agilityhealthradar.com>.

As Unidades de Conservação são geridas de forma integrada e a totalidade do território é conhecida como "mosaico" de Carajás, embora esse arranjo ainda não tenha sido formalizado por portaria do Ministério do Meio Ambiente (MMA), conforme Art. 8º do Decreto Federal nº 4.340/2002.

A Floresta Nacional de Carajás e a Floresta Nacional do Tapirapé Aquiri apresentam a particularidade de possuírem grandes empreendimentos minerais em operação no interior das Unidades de Conservação (UCs), o que gera uma grande sobrecarga referente às atividades de manifestação para o Licenciamento Ambiental, autorizações diretas, autorizações de supressão vegetal, fiscalização e monitoramento.

O entorno das áreas protegidas é caracterizado por uma matriz de zonas antropizadas que, historicamente, estão ligadas à expansão demográfica e fundiária ocasionadas pelo desenvolvimento dos grandes projetos minerários na região. Associadas a esse processo, destaca-se a evolução da atividade pecuária e a consolidação de vastas áreas de assentamentos rurais, além de pressões da atividade madeireira e garimpeira. O conjunto dessas atividades tem potencializado o processo de transformação das Unidades de Conservação em ilhas de vegetação.

Principais conflitos de uso, desafios de gestão e o projeto Cenários

Diante do cenário descrito, são evidentes os desafios inerentes à coexistência entre mineração e conservação no contexto das áreas protegidas de Carajás. Dessa forma, foram construídas estratégias focadas em evitar perdas líquidas para a biodiversidade e promover o desenvolvimento socioambiental integrado para o território.

Dentre os principais impactos da mineração sobre as UCs de Carajás, podemos destacar: i) a supressão de Castanhais da Floresta Nacional do Tapirapé Aquiri, área de uso e coleta ancestral dos indígenas Xikrin do Cateté; ii) a redução da disponibilidade e qualidade hídrica sobre a Bacia do Rio Itacaiúnas, onde estão situadas todas as barragens dos empreendimentos minerais de Carajás; e iii) supressão de ambientes de alto endemismo de "Canga" (savana metalófila), implicando em risco elevado de extinção de espécies.

A savana metalófila, denominada ainda como geoambiente ferruginoso, é um ecossistema singular com importantes atributos para conservação e com reconhecida ocorrência de endemismos, merecendo destaque também pela riqueza mineral, pois ocorrem grandes jazidas de minério de ferro de alto teor sob essa vegetação rupestre. Ou seja, trata-se de um conflito tão acirrado que os eventos são mutuamente exclusivos: ou conserva-se a canga, ou se executam os projetos de extração mineral.

Diante desse desafio, foi concebido o projeto Cenários para a Conservação da Savana Metalófila, desenvolvido em parceria entre o ICMBio e a Vale entre 2012 a 2017 com o objetivo de traçar uma estratégia para conservação do referido ecossistema da Floresta Nacional de Carajás. O projeto buscava responder à seguinte questão: "é possível compatibilizar conservação com a mineração no contexto Carajás?". Para tanto, foram consideradas ressalvas sobre a compatibilização, a identificação de alvos e dos custos de conservação, a formulação e discussão de cenários, a identificação de áreas prioritárias e alvos mais vulneráveis e a proposição de soluções. A distribuição espacial desses alvos foi analisada em relação às áreas com maior quantidade de minério de ferro (MARTINS; KAMINO; RIBEIRO, 2018).

Os trabalhos resultaram na apresentação de cenários que discutem as possibilidades de compatibilização da conservação ambiental com a mineração e a indicação de áreas prioritárias para a conservação, assim como atributos mais vulneráveis ao avanço da atividade minerária, propondo-se ao final um zoneamento para a Unidade de Conservação que viabilize a coexistência da mineração com a conservação do ecossistema de canga. Além disso, os resultados foram fundamentais para a criação da sexta unidade de conservação do mosaico de Carajás (VIEIRA et al, 2018).

O Parque Nacional dos Campos Ferruginosos foi criado com o objetivo de preservar importantes remanescentes de savana metalófila e cavernas ferríferas. O parque é a Unidade de Conservação com o maior número de cavernas do Brasil. Aproximadamente dois terços do parque se sobrepõem à Floresta Nacional de Carajás, cobrindo importantes jazidas minerais que, a partir da criação da UC, ficam impedidas de ser exploradas, garantindo assim a preservação da canga nas serras do Tarzan e da Bocaina.

Plano de conservação de longo prazo para o conjunto de áreas protegidas de Carajás

Considerando o contexto descrito, o ICMBio e a Vale formaram parceria para construção do Plano de Conservação de Longo Prazo da região de Carajás. O referido projeto definiu como área de estudo o interior e entorno das UCs de Carajás, onde foram realizadas análises dos seguintes temas: i) descrição sintética do meio físico regional; ii) análise da paisagem regional; iii) proposta de melhoria da permeabilidade da paisagem; iv) diagnóstico dos municípios e análise de políticas públicas, pressões, conflitos e oportunidades; e v) síntese analítica (AMPLO ENGENHARIA E GESTÃO DE PROJETO, 2017).

O diagnóstico apresentado pelo projeto evidenciou o isolamento do conjunto de áreas protegidas de Carajás no contexto regional, onde o mosaico está circundado pela matriz de áreas antropizadas.

Esses resultados corroboram o entendimento de que o conjunto dos empreendimentos minerais interagem entre si, gerando impactos sinergéticos e cumulativos que afetam um território que perpassa o conceito clássico de área de impacto direto dos empreendimentos licenciados.

O projeto resultou em uma caracterização abrangente das questões ambientais, sociais e econômicas envolvendo as UCs de Carajás e entorno. A partir do diagnóstico obtido, foram traçados cenários de conservação para longo prazo. Além disso, propiciou um olhar mais ampliado e integrado sobre os impactos e ameaças, restando, porém, algumas questões importantes: "o que fazer com as informações obtidas e com os cenários traçados?" "o que fazer para afastar os cenários negativos e potencializar os positivos?" e "quais devem ser os próximos passos?".

Plano de conservação estratégico para o território de Carajás

Os resultados do projeto Cenários e do diagnóstico elaborado no Plano de Conservação de Longo Prazo da Região de Carajás serviram de subsídio para a elaboração participativa de uma estratégia na forma de um Plano de Ação, o Plano de Conservação Estratégico (PCE) para o Território de Carajás, com a finalidade de orquestrar iniciativas no interior e no entorno das Unidades de Conservação. As ações foram coordenadas pela equipe do Núcleo de Gestão Integrada do ICMBio Carajás, considerando o histórico de esforços referentes à interação das atividades de exploração mineral com as iniciativas de conservação e uso sustentável da biodiversidade (VIEIRA, 2020).

O PCE para o Território de Carajás apresenta-se como uma ferramenta de planejamento vital para a gestão das Unidades de Conservação em um contexto territorial complexo, considerando cenários de curto, médio e longo prazo e dispondo como premissa a busca continuada pela mitigação das ameaças e pelo aproveitamento das oportunidades. A implementação do plano permitirá uma maior efetividade nos processos de licenciamento ambiental e nas ações de conservação da biodiversidade e desenvolvimento socioambiental, resultantes dos esforços de compatibilização da mineração e conservação na região de Carajás. Espera-se que o resultado do conjunto das ações possa servir de referência nacional para a conservação da biodiversidade e promoção do desenvolvimento socioambiental.

Agilidade socioambiental

A gestão de diversos projetos em um ambiente dinâmico e desafiador como Carajás exigiu a adoção de ferramentas ágeis de gerenciamento de projetos socioambientais para melhoria das entregas e monitoramento dos resultados. O crescimento das ações, o aporte de recursos e novos projetos levaram a gestão local a debater internamente como o uso de novos *frameworks* e métodos pautados na filosofia ágil poderiam ser incorporados pela equipe, com vistas ao aprimoramento e à modernização das práticas de planejamento e execução dos projetos, ou mesmo à implementação da agilidade no monitoramento das condicionantes do licenciamento ambiental de empreendimentos minerais no interior de áreas protegidas de Carajás.

Abordagens de gestão tradicionais são adequadas para situações onde as incertezas são moderadas e os cenários estáveis. No entanto, para ambientes dinâmicos e turbulentos, como o de Carajás, podem não ser eficientes, necessitando de uma perspectiva gerencial que permita uma comunicação precisa entre o escopo do projeto e as interações da paisagem, território e atores sociais. Uma das formas de lidar com a incerteza é gerenciar de maneira incremental e iterativa, com o intuito de gerar valor para a rede de atores, ajustando-se ao dinamismo e à imprevisibilidade dos cenários, por meio da identificação e adaptação às mudanças apoiada em ciclos mais curtos de PDCA e comunicação contínua entre a equipe envolvida.

Na medida em que os diferentes projetos se consolidavam, novos desafios se apresentaram, tais como a integração das diferentes ações executadas no território. Outro ponto de atenção foi a necessidade da realização de processos de monitoramento e avaliação de resultados, avaliação de indicadores e demonstração dos impactos nas iniciativas de conservação ou sua capacidade de promover mudanças no processo de envolvimento e participação da sociedade na gestão da biodiversidade.

Monitorar impactos de conservação de projetos de desenvolvimento socioambiental remete a uma série de desafios conceituais e práticos. Isso se dá, especialmente, no cenário amazônico de escassos recursos humanos e financeiros. Contudo, essas ações incidem em mudança de atitude, promovem engajamento e participação social e contribuem para a efetividade da gestão das Unidades de Conservação. Em tempos de crise, é necessário ser mais eficiente e estratégico em evidenciar que o investimento na formação de atores sociais tem o potencial de promover a transformação.

O monitoramento contínuo das atividades em execução possibilitou revisão e ajustes no planejamento, além de conferir maior transparência e legitimidade ao processo, fundamentado na construção coletiva. À medida que a proposta avança, laços de confiança são reforçados e podem se desdobrar em alianças e ações futuras importantes para a gestão territorial integrada.

Outro passo importante é a definição de instrumentos e indicadores para avaliações de resultados e impactos, construindo coletivamente questões-chave orientadoras da construção dessas ferramentas. Dentre as estratégias metodológicas para a implementação do monitoramento e aprimoramento contínuo dos projetos, destacamos aqui a busca pela implementação de um conjunto de ferramentas práticas e ágeis que contribuem para o levantamento de informações úteis que servem, sobretudo, para prestar apoio à investigação, ao planejamento e a diagnósticos mais descentralizados em uma tomada de decisão mais democrática.

Em contraponto à gestão tradicional, a filosofia ágil nos apresentou alternativas que aprimoram o processo de desenvolvimento de uma ação socioambiental dinâmica e participativa. O ágil potencializa a frequência das respostas, intensifica o fluxo de construção coletiva e incrementa funcionalidades, estimulando a interação entre os atores e a coordenação dos projetos.

Nesse sentido, a busca pela implementação da filosofia ágil nos levou a refletir sobre o papel das lideranças. Isso abriu espaço para uma maior empatia entre os coordenadores e o time de desenvolvimento, permitindo uma gestão mais leve e aberta a mudanças e fortalecendo a fluidez e a organicidade da instituição. Outro ponto relevante da transformação ágil foi o empoderamento da equipe técnica, pois estimulou o protagonismo, a proatividade e criatividade entre os times.

A gestão ágil em projetos socioambientais permite que avaliemos diariamente o projeto em ciclos curtos. Ele confere maior visibilidade aos resultados de maneira fractal para que o gestor possa tomar medidas corretivas antecipadamente, garantindo-se o alcance do objetivo final do projeto.

A implementação da filosofia ágil vai muito além da utilização de ferramentas digitais ou quadros físicos na parede repletos de *post-its*. A gestão ágil de projetos socioambientais representa uma mudança de percepção cultural e organizacional. Significa um exercício constante de reflexões, diálogo e *feedbacks* no âmbito da rede de atores com quem a instituição se propõe a trabalhar e apoiar. É uma nova maneira de trabalhar com as pessoas que compõem a equipe do projeto e suas partes interessadas. Projetos são organismos vivos e se beneficiam de interações entre seus *stakeholders*, especialmente em ambientes dinâmicos e desafiadores como o território amazônico.

Pela experiência vivenciada pela gestão local até o momento, a filosofia ágil possibilita refletir como as práticas, sob uma perspectiva crítica, e as metodologias participativas na implementação de um projeto, podem contribuir para o (re)aprender e o (re)conhecer de uma rede de atores imersos em um ambiente dinâmico como o de Carajás, marcado por conflitos socioambientais e pela predominância de um agente econômico hegemônico e transformador do ambiente como é o caso da mineração. O licenciamento ambiental, assim como os diferentes projetos conservacionistas e socioambientais executados em Carajás, é componente da gestão ambiental pública.

Implementando o gerenciamento ágil no Núcleo de Gestão Integrada do ICMBio Carajás

André Luís Macedo Vieira
Manoel Delvo Bizerra dos Santos
Rodrigo Leal Moraes
Claudio Augusto Pereira
Ana Lúcia Mendes Tejima
Nívia Santos da Silva
Nathálya Santa Brígida Brito
Pricila Farias Leal
Silvana dos Santos Araujo
Alysson de Sousa Silva
Naiane Caetano da Silva Leal
Fernanda Mendes Barros
Paloma Cristina Bezerra Campo
Vitória dos Santos Banina
Mery Helen Cristine da Silva Moraes

Projetos Sala Verde e Comunidade vai à Floresta: desafios para implementação do Scrum

O projeto Salas Verdes é uma iniciativa do Ministério do Meio Ambiente, no qual o ICMBio Carajás se inscreveu na chamada 001/2017 no processo de seleção de instituições que atuam com atividades e projetos de educação ambiental não formal. Inicialmente, o projeto era uma contextualização básica de atividades de educação ambiental a serem desenvolvidas no município de Parauapebas. Após a realização do curso "Conceitos e Ferramentas para o Gerenciamento de Projetos", ministrado em março de 2020 para os técnicos no NGI Carajás, os participantes foram desafiados a colocar em prática os conhecimentos adquiridos sobre gerenciamento ágil de projetos. Ao final do treinamento, estruturou-se o Time *Scrum* do projeto Salas Verdes, cuja principal entrega seria a revisão do projeto utilizando o *framework Scrum* apoiado pela constante orientação da *Agile Coach*.

O projeto Sala Verde do NGI ICMBio Carajás tem como objetivo proporcionar conhecimento sobre as Unidades de Conservação (UCs) federais da região de Carajás e sua importância ecológica, através de ações itinerantes que visam despertar o sentimento de pertencimento das comunidades do interior e entorno dessas áreas protegidas.

O desafio de aprender e implementar o *Scrum* em Carajás iniciou no final de março de 2020, em plena pandemia. A suspensão das reuniões presenciais representou um ponto de adversidade para a aplicação do *framework* recém-aprendido.

O Time de Desenvolvimento estava engajado na utilização do *Scrum* no projeto Salas Verdes e, portanto, realizou as entregas com êxito. Os *Product Owners* (POs) desafiaram o time a implementar o *Scrum* também no projeto Comunidade Vai à Floresta, o que proporcionou nova oportunidade de aprendizagem e prática em gerenciamento ágil de projetos.

O projeto Comunidade vai à Floresta foi implantado em 2017, a partir de iniciativas da Gestão da Floresta Nacional do Tapirapé-Aquiri e Salobo Metais S.A, através de acordo de cooperação firmado entre as partes interessadas. O projeto Comunidade Vai à Floresta realiza estrategicamente ações de Educação Ambiental Crítica (EAC) nas Unidades de Conservação, com o intuito de desenvolver o sentimento de pertencimento junto à coletividade, promovendo a importância das Unidades de Conservação perante a sociedade, fortalecendo a gestão participativa e o engajamento social em prol da conservação da biodiversidade e contribuindo para o avanço do turismo ecológico em Marabá (PA) e região.

Adaptando as cerimônias

A grande entrega a ser realizada tanto no projeto Salas Verdes como no Comunidade Vai à Floresta foi a revisão escrita dos projetos. Os Times *Scrum* de ambos os projetos realizaram todas as cerimônias do *Scrum*, possibilitando a revisão dos projetos em curto espaço de tempo.

Considerando que o *Scrum* é um *framework*, ou seja, sujeito a adaptações, os membros dos projetos Sala Verde e Comunidade Vai à Floresta reajustaram as cerimônias, conforme apresenta a Tabela 8.1.

Tabela 8.1. Cerimônias dos projetos Sala Verde e Comunidade Vai à Floresta. Fonte: os autores.

Inicialmente, a equipe optou por *Sprints* de 15 dias para entrega dos produtos que consistiam em versões incrementais e iterativas da redação dos projetos (Figura 8.5). As entregas eram realizadas às sextas-feiras via e-mail pela *Scrum Master* e pelo Time de Desenvolvimento para o PO dos projetos, para o PO dos POs, representado pelo Coordenador Geral do NGI Carajás e *Agile Coach*. Tendo em vista que o *framework* estava em fase de teste e os produtos já haviam sido entregues, sendo somente necessária a entrega do plano de ação, validação e aprovação final pelo PO, houve a necessidade de adaptação e as *sprints* passaram a ter sete dias. Essa mudança proporcionou menor tempo de resposta (*feedback*) por parte do PO.

No início de cada *Sprint*, às segundas-feiras, eram realizadas as reuniões de planejamento da *Sprint* (*planning meeting*) com duração média de duas horas. Apesar do *Scrum Guide* recomendar quatro horas de duração para *sprints* de duas semanas, houve o entendimento de que inicialmente duas horas de reunião de planejamento da *Sprint* eram suficientes.

Durante as reuniões diárias (*daily meeting*), realizavam-se conversas breves e objetivas, conforme o *framework* orienta, com duração máxima de 15 minutos. Diferentemente da boa prática que recomenda a *daily* como primeira atividade do dia, o Time *Scrum* do Projeto Salas Verdes realizava a reunião à tarde, uma vez que o horário era o mais adequado para o funcionamento da equipe.

Ao final da *Sprint*, o Time *Scrum* realizava as reuniões de revisão e retrospectiva sequencialmente na sexta-feira. Os produtos eram entregues via e-mail para o PO dos projetos e para o PO dos POs, representado pelo Coordenador Geral do NGI Carajás e *Agile Coach*.

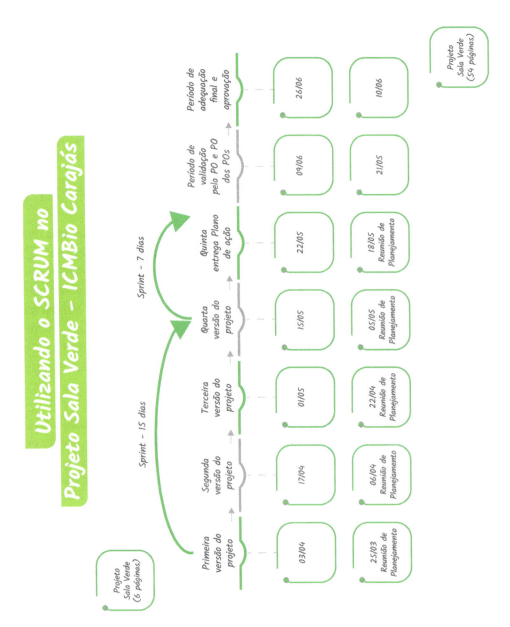

Figura 8.5. Linha do tempo das cerimônias e entregas iterativas e incrementais do projeto Sala Verde ICMBio Carajás. Os *boxes* dos dias 21/05 e 10/06 encontram-se vazios, pois não houve reunião de planejamento, e sim apenas validação e aprovação final pelo PO.
Fonte: os autores.

Ferramentas empregadas no Scrum

As ferramentas tecnológicas foram essenciais para que as cerimônias ocorressem, pois possibilitaram que membros da equipe que se encontravam em outros escritórios fora da sede participassem desse processo.

Durante muito tempo, utilizou-se o aplicativo Skype, pois alguns integrantes do Time Scrum não possuíam conta do e-mail institucional e, portanto, não podiam utilizar o Microsoft Teams. Porém, logo esse entrave foi solucionado e a equipe passou a usá-lo para as reuniões. O One Drive foi uma ferramenta imprescindível para compartilhar os arquivos e otimizar o sincronismo no trabalho.

As equipes também participaram de *webinars*, promovido pela *Agile Coach* Jamile Marques na plataforma Zoom. O objetivo pedagógico dessa ação foi aprofundar a aprendizagem sobre agilidade através do compartilhamento da experiência na utilização do *Scrum* em projetos socioambientais do Núcleo de Gestão Integrada de Carajás.

Por não terem sido inicialmente desenvolvidos sob o aspecto da agilidade, os projetos Salas Verdes e Comunidade vai à Floresta não possuíam *roadmaps*. Entendendo a importância desses artefatos, a *Agile Coach* orientou os Times *Scrum* em sua elaboração. Os *roadmaps* foram produzidos em Excel e aperfeiçoados por meio de algumas sessões de *agile coaching*. As pontuações das histórias de usuários foram determinadas por meio do *Planning Poker Online*, sem dúvida uma das etapas mais divertidas da execução.

Para estimular a gestão à vista dos projetos pelo Time Scrum, utilizou-se *kanban* físico para o gerenciamento não só dos projetos Salas Verdes e Comunidade Vai à Floresta, mas também para os demais projetos desenvolvidos no NGI ICMBio Carajás. Para distinguir as ações de cada projeto, foi elaborada uma legenda com cores específicas para os *posts-its*, de acordo com o projeto.

Matriz SWOT: uma avaliação sobre o processo de implementação do Scrum

Ao revisitar a redação dos projetos Salas Verdes e Comunidade vai à Floresta e refazê-la através do gerenciamento ágil de projetos, verificou-se uma série de forças, fraquezas, oportunidades e ameaças para a implantação do gerenciamento ágil de projetos no NGI Carajás, conforme ilustra a Figura 8.6.

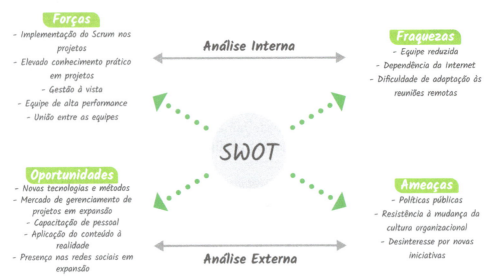

Figura 8.6. Matriz SWOT da implantação do gerenciamento ágil de projetos no NGI Carajás.
Fonte: pesquisa realizada por Jamile Marques com os integrantes do NGI Carajás.

Projeto Agroextrativismo

O incentivo por meio do treinamento em gerenciamento de projetos em março de 2020 promoveu a implementação do gerenciamento ágil a partir da organização de uma equipe piloto denominada Time *Scrum* Agroextrativismo. Dessa forma, o período de 25 de março de 2020 a 06 de maio de 2020 totalizou 16 reuniões de alinhamento do Time Piloto com o uso de algumas ferramentas de gestão adaptadas à rotina em teletrabalho, devido ao início do isolamento social e à entrega de dois importantes produtos.

Nesse contexto, os principais produtos elaborados pelo Time Piloto foram a distribuição de cartilha sobre práticas de manejo de sistemas produtivos para auxiliar as famílias agricultoras com uma assistência técnica remota e a adaptação de partes da estrutura do Projeto Executivo do Agroextrativismo. Ressalta-se que o processo de elaboração desses produtos foi realizado de forma remota e integrada; desse modo, os participantes contribuíram na construção do texto base e na revisão final da cartilha. Cabe destacar que o Projeto Executivo se encontra em revisão final, conforme apresenta a Estrutura Analítica do Projeto em questão (Figura 8.7).

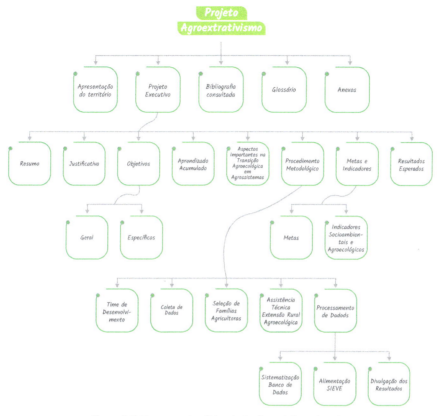

Figura 8.7. Estrutura Analítica do Projeto elaborada pelo
Time Piloto *Scrum* Agroextrativismo, ICMBio NGI Carajás, 2020.
Fonte: Mery Helen Moraes.

Posteriormente, o Time Piloto foi dividido para ampliar o exercício em outros projetos do ICMBio Carajás. Dessa maneira, a nova formação do Time *Scrum* Agroextrativismo contou com a permanência dos POs, da *Scrum Master* e do Time de Desenvolvimento para executar a agenda do Projeto Executivo Agroextrativismo elaborada pelo Time Piloto.

Nesse processo executivo, destacam-se as reuniões semanais, o planejamento mensal, o controle de atas de reunião, a elaboração de Projetos Executivos (Agroextrativismo, Irrigação e Recuperação de Áreas de Preservação Permanente –APP), a implantação dos sistemas de irrigação em áreas de plantios agroflorestais, a formação interna remota, a promoção de eventos remotos, viagens de campo para monitoramento e levantamento, o georreferenciamento das áreas de interesse, a confecção de mapas temáticos, o uso de aplicativos de interação remota, a elaboração de estrutura da cartilha sobre o Projeto Executivo e a sinergia com dois projetos: Publicações e Recuperação de APPs.

196 Gestão de Projetos Socioambientais na Prática

Nessa perspectiva, durante o período de maio a novembro de 2020, realizou-se a concretização do cronograma do projeto Agroextrativismo, com a execução de 57 tarefas relacionadas principalmente aos objetivos específicos deste projeto, conforme a linha do tempo do processo de execução das tarefas prioritárias pelo Time Agroextrativismo (Figura 8.8).

Linha do Tempo

Teletrabalho

Curso Gerenciamento de Projetos (Agile Coach Jamile Marques)
Teste de ferramentas para Gerenciamento de Projetos
Elaboração participativa do Projeto Executivo
Sistematização de Plano de Ação
Planejamento de Plano de Irrigação
Distribuição de sementes e sacos para muda
Formulários remotos de coleta de dados
Produção de Cartilha para Assistência remota
Transferências de vídeos dos plantios para acompanhamento remoto
Contribuição textual à PEAPOS

1 — Janeiro a Fevereiro 2020
2 — Março a Junho 2020
3 — Julho a Setembro 2020

Escritório e Campo

Elaboração do Projeto Executivo
Vistoria pela equipe FUNTEC-DF (Brasília)
Reunião de Balanço Projetos FUNTEC-DF
Reunião de Planejamento Integrada – NGI ICMBio Carajás
Distribuição de mudas de plantas
Assistência Técnica

Sistema de Irrigação e Recuperação APP

Implantação de 14 sistemas de Irrigação
Termo de Compromisso e Acordo coletivo
Distribuição de Cartilha
Monitoramento dos sistemas de Irrigação
Elaboração de Projetos (Executivo, Irrigação, Publicação, audiovisual, Recuperação APP)
Estudos sobre sistemas de indicadores
Formações de Equipe (Recuperação APP e Indicadores)
Execução de Projeto de Recuperação de APP
Seleção Bolsista
Distribuição de mudas de açaí (tubete – saco)

Figura 8.8. Linha do tempo do Projeto Executivo Agroextrativismo do ICMBio NGI Carajás (2020). Fonte: Mery Helen Moraes.

Ferramentas utilizadas para implementação do *Scrum*

O planejamento e a execução do Projeto Agroextrativismo fundamentam-se na gestão ágil, utilizando o *Scrum* como *framework* (SCHWABER; SUTHERLAND, 2017). Para a comunicação com o corpo técnico, utilizam-se majoritariamente ferramentas tradicionais do gerenciamento preditivo, como gráfico de Gantt, bem como fluxo de processos (*Project Management Body of Know*ledge – *PMBOK® Guide*, 6ª edição) –

ou seja, aplica-se a gestão híbrida. Nesse sentido, realizam-se reuniões semanais ao gerenciamento das atividades prioritárias com a utilização de ferramentas remotas de gestão participativa como o Teams (e-mail, nuvem, *planner* e calendário), Skype, *Canvas*, Creately, Coggle, Lucid, Miro e aplicativo multiplataforma de mensagens instantâneas e chamadas de voz para *smartphone*.

Cerimônias e artefatos a serviço do projeto Agroextrativismo

Várias cerimônias do *Scrum* acompanharam o desenvolvimento do Projeto Agroextrativismo, promovendo assim a transparência, por meio da comunicação e da integração da equipe, além de proporcionar revisões, inspeções e correções.

Para auxiliar as reuniões semanais remotas, utilizou-se, inicialmente, o aplicativo de comunicação Skype. Entretanto, seguidamente migramos para o Teams por conta de recomendação de uso institucional. As reuniões semanais dividiram-se em três encontros: *Sprint Planning*, na segunda-feira, onde ocorria o planejamento da *Sprint*, o monitoramento era realizado às quartas-feiras e nas sextas-feiras realizavam-se a *Sprint Review* e a retrospectiva, momento de analisar as ações em curso na *Sprint* (Figura 8.9). As reuniões de planejamento e revisão/retrospectiva têm duração média de duas horas, enquanto a reunião de monitoramento possui duração média de 30 minutos.

A elaboração coletiva de Projetos Executivos por meio da nuvem (Word e Excel) possibilitou a integração do Time no processo de construção, no engajamento da equipe e na sua produtividade, através, principalmente, das histórias de usuário e do artefato *Burndown Chart*. As ferramentas *planner* e calendário auxiliaram a organizar e atribuir tarefas conforme nível de prioridade.

Destaca-se o uso do *canvas* para produções de design do projeto e diagramas de gestão. A construção do escopo do projeto e a elaboração de mapas mentais foram facilitadas pelos aplicativos Creately, Coggle e Lucid, que favorecem a visualização das ações em desenvolvimento. A seguir, é possível observar como a ferramenta Coggle foi utilizada para produzir o mapa mental do projeto (Figura 8.10).

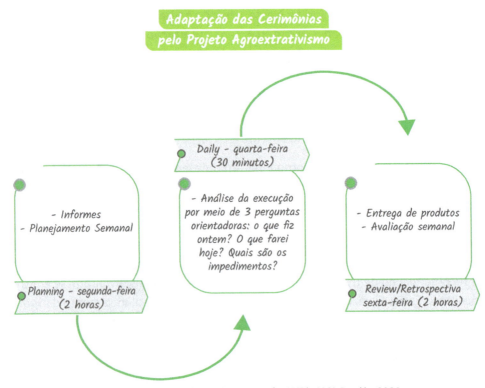

Figura 8.9. Dinâmica de reunião semanal, ICMBio NGI Carajás, 2020.
Fonte: Mery Helen Moraes.

Implantando o gerenciamento ágil de projetos no Instituto Chico Mendes 199

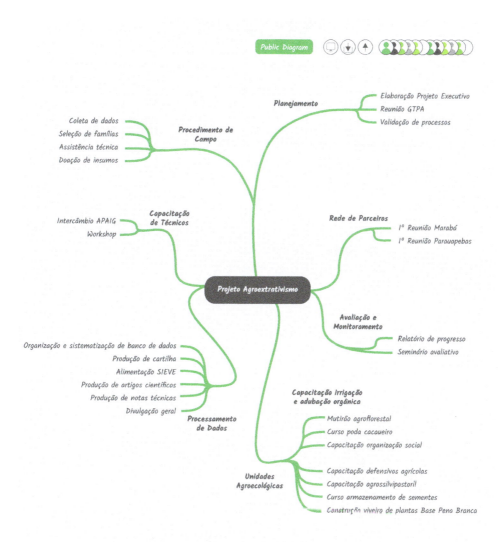

Figura 8.10. Mapa mental do projeto Agroextrativismo.
Fonte: Mery Helen Moraes.

O conceito de Mapa Mental foi popularizado por Tony Buzan. Trata-se de uma ferramenta de comunicação extremamente poderosa, pois, de acordo com o autor, "utiliza todas as habilidades do cérebro para interpretar palavras, imagens, números, conceitos lógicos, ritmos, cores e percepção espacial com uma técnica simples e eficiente". Tendo em vista que a comunicação é recorrentemente uma das maiores dificuldades em gerenciamento de projetos, elabore o Mapa Mental de seu projeto e o exponha em local visível para todos os stakeholders. Utilize a tecnologia a seu favor, construindo o Mapa Mental também em plataformas on-line interativas.

Bom trabalho!

A realização de reunião de avaliação de desempenho de atividades com o auxílio do aplicativo Miro contribuiu para que o evento fosse leve e descontraído, instigando os participantes a interagir. Este aplicativo também foi utilizado para elaborar objetivos (geral e específicos), metas, indicadores e resultados esperados do Projeto Executivo de recuperação de áreas de preservação de nascentes.

O conjunto dessas ferramentas de gestão fortaleceu o envolvimento do Time com a execução do cronograma planejado pelo Time *Scrum* Piloto, apresentando relativo avanço no perfil de organização de planejamento sistemático, com alinhamento do Time. Por fim, cabe ressaltar o nivelamento de conhecimento remoto da equipe, com o ciclo de formações internas sobre temas referentes à implantação de sistemas produtivos destinados à agricultura familiar, utilizando-se o suporte do Teams para capacitação interna e YouTube para eventos abertos.

Desafios da implementação do *Scrum* em tempos de pandemia

A ausência de comunicação presencial restringiu o diálogo na distribuição de tarefas. A execução do cronograma de campo para atendimento das famílias agricultoras exige muito esforço logístico e intelectual para implantação dos sistemas produtivos. Dessa forma, foi realizada adaptação de metodologia para facilitar e garantir a participação do Time de forma eficaz.

No contexto do aprendizado, a divisão do Time não foi bem efetiva. Conforme a necessidade do Time de construir uma rotina de trabalho, os integrantes realizavam as reuniões em formato de grupo unificado com poder de controle na tomada de decisões de forma participativa. O modelo em teletrabalho impossibilitou a realização de reuniões diárias, devido à carência de estrutura administrativa e de escritório na residência dos participantes do Time, reduzindo em três reuniões semanais para adequação, de acordo com as necessidades do grupo. Entretanto, a organização do conjunto de tarefas por ordem de prioridade foi planejada mensalmente, dividindo as demandas entre as semanas para execução pelo Time envolvido. Destaca-se o uso do gráfico de Gantt para distribuição no tempo, responsável pelo avanço nas atividades produtivas desenvolvidas.

A frequência das reuniões semanais e a organização do cronograma executivo trouxeram relativo avanço na transparência das ações realizadas no âmbito do projeto Agroextrativismo. A adaptação de ferramentas remotas à construção participativa facilitou o diálogo da equipe com foco nas demandas prioritárias.

No contexto da pandemia, o Time conseguiu inventar um método de teletrabalho aliado às atividades de campo que funcionou para atender às famílias a partir de doação de sementes de cacau e essências florestais, mudas de açaí, material para implantação de sistemas de irrigação, distribuição de material de divulgação (cartilha e *folder*), coleta de informações de campo, etc.

Referências bibliográficas

ADKINS, Lyssa. **Coaching agile teams:** a companion for Scrum Masters, agile coaches, and project managers in transition. Massachusetts: Addison-Wesley Pearson Education, 2010. 316p.

AMPLO ENGENHARIA E GESTÃO DE PROJETO. **Plano de Conservação de Longo Prazo para a Região de Carajás.** Belo Horizonte: Amplo, 2017.

BUZAN, T. **Mapas Mentais.** Rio de Janeiro: Sextante, 2009.

FREIRE, P. **Pedagogia do Oprimido.** Rio de Janeiro: Paz e Terra, 1987.

MARTINS, F. D.; KAMINO, L. H. Y.; RIBEIRO, K. T. **Projeto Cenários:** Conservação de Campos Ferruginosos diante da Mineração em Carajás. Tubarão: Copiart, 2018, p. 21-38.

SOCIEDADE BRASILEIRA DE COACHING. **Personal & Professional Coaching.** Livro de Metodologia. Rio de Janeiro: SBCoaching Publishing, 2020. 417p.

VIEIRA, A. L. M (org.). **Plano de Conservação Estratégico para Território de Carajás:** Sumário executivo. Brasília: Qualyta, 2020. 28 p.

VIEIRA, A. L. M.; QUIRINO, G. R. S.; CARVALHAIS, A. P. **Floresta Nacional do Tapirapé-Aquiri Biodiversidade como Capital Natural.** Belo Horizonte: Nitro, 2019. p.112.

VIEIRA, A. L. M. et al. Mosaico Carajás: Perspectivas de Ampliação da Conservação. *In*: MARTINS, F. F.; KAMINO, L. H. Y.; RIBEIRO, K. T. **Projeto Cenários Conservação de Campos Ferruginosos diante da Mineração em Carajás.** Tubarão: Copiart, 2018, p. 455-467.

Acompanhe a BRASPORT nas redes sociais e receba regularmente informações sobre atualizações, promoções e lançamentos.

 @Brasport

 /brasporteditora

 /editorabrasport

 /editoraBrasport

Sua sugestão será bem-vinda!

Envie uma mensagem para markcting@brasport.com.br informando se deseja receber nossas newsletters através do seu e-mail.

e-Book

50% mais barato que o livro impresso.

+ de 200 Títulos

À venda nos sites das melhores livrarias.